Sekundarstufe

Friedel Schardt & Ulrike Stolz



# Der Bericht

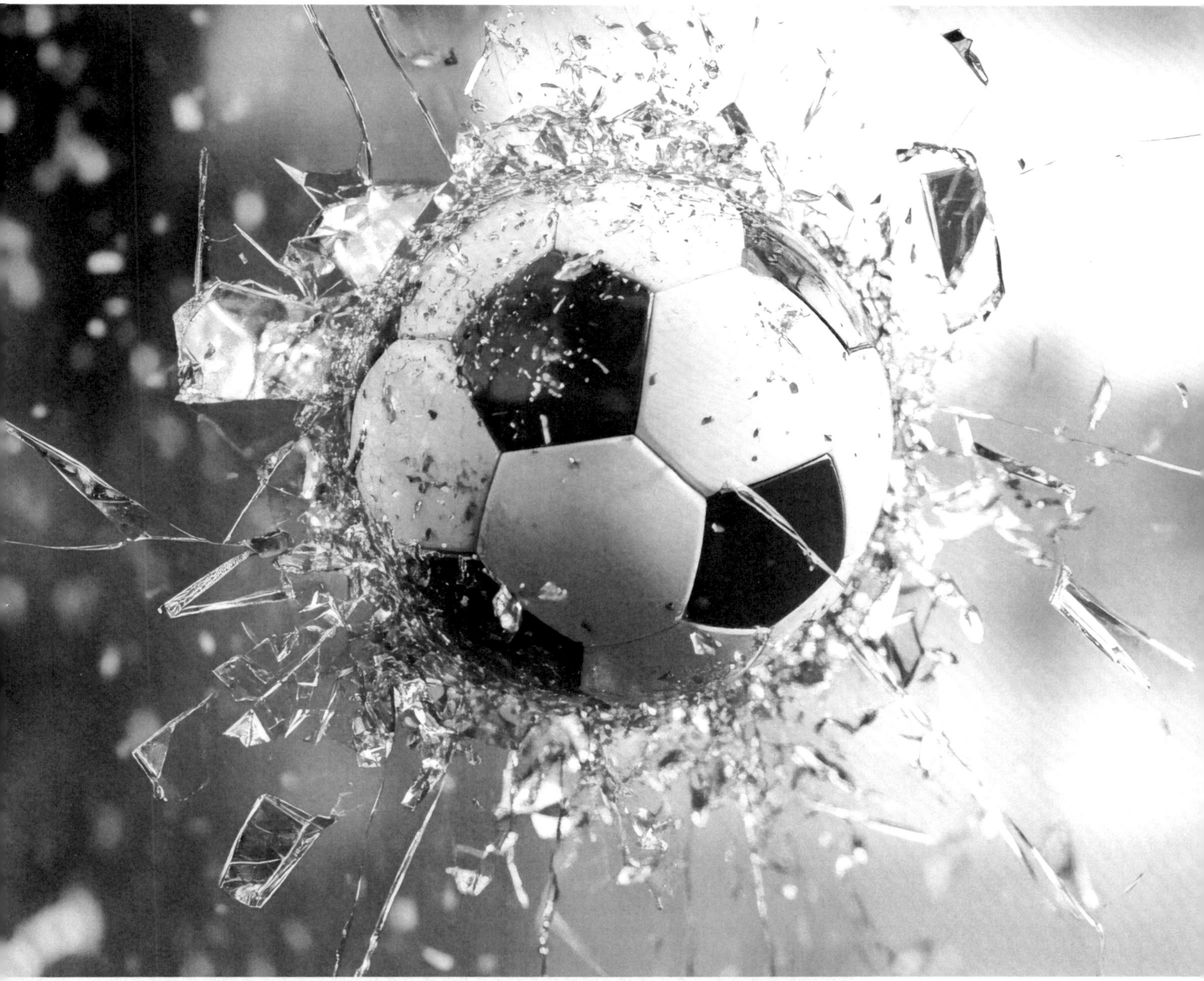

12 Unterrichtseinheiten mit fix & fertigen Stundenbildern

Lernen mit Erfolg
KOHL VERLAG

# Der Bericht
## 12 Unterrichtseinheiten mit fix & fertigen Kopiervorlagen

5. Auflage 2025

© Kohl-Verlag, Kerpen 2010
Alle Rechte vorbehalten.

<u>Inhalt</u>: Friedel Schardt & Ulrike Stolz
<u>Coverbild</u>: © Chotijah - AdobeStock.com
<u>Redaktion</u>: Moritz Quast & Tim Schrödel
<u>Grafik & Satz</u>: Kohl-Verlag
<u>Druck</u>: Druckerei Flock, Köln

**Bestell-Nr. 10 899**

**ISBN: 978-3-86632-899-0**

**Bildquellen:**
Seite 2: © Africa Studio - AdobeStock.com; Seite 10: © Kohl-Verlag; Seite 15: © clipart.com; Seite 22: © clipart.com; Seite 23: © clipart.com; Seite 26: © Hanna Syvak - AdobeStock.com; Seite 27: © Destina - AdobeStock.com; Seite 28: © dovla982 - AdobeStock.com; Seite 29: © Tenstudio - AdobeStock.com; Seite 31: © Rafa Irusta - AdobeStock.com; Seite 34: © fotolia.com; Seite 35: © Kohl-Verlag; Seite 38: © clipart.com; Seite 39: © Bernd Leitner - AdobeStock.com; Seite 41: © clipart.com; , Seite 42: © clipart.com; Seite 47: © clipart.com; Seite 57: © clipart.com; Seite 60: © clipart.com; Seite 62: © rozaivn58 - AdobeStock.com

*Das vorliegende Werk und seine Teile sind urheberrechtlich geschützt. Jede Nutzung in anderen als den gesetzlich zugelassenen Fällen bedarf der vorherigen schriftlichen Einwilligung des Verlages. Hinweis zu § 52a UrhG: Weder das Werk noch seine Teile dürfen ohne eine solche Einwilligung eingescannt und in ein Netzwerk oder das Internet eingestellt werden. Dies gilt auch für Intranets von Schulen und sonstigen Bildungseinrichtungen.*

<u>Kontakt</u>: Kohl-Verlag, An der Brennerei 37-45, 50170 Kerpen
Tel: +49 2275 331610, Mail: info@kohlverlag.de

## Der vorliegende Band ist eine Print-<u>Einzellizenz</u>

Sie wollen unsere Kopiervorlagen auch digital nutzen? Kein Problem – fast das gesamte KOHL-Sortiment ist auch sofort als PDF-Download erhältlich! Wir haben verschiedene Lizenzmodelle zur Auswahl:

|  | Print-Version | PDF-Einzellizenz | PDF-Schullizenz | Kombipaket Print & PDF-Einzellizenz | Kombipaket Print & PDF-Schullizenz |
|---|---|---|---|---|---|
| Unbefristete Nutzung der Materialien | x | x | x | x | x |
| Vervielfältigung, Weitergabe und Einsatz der Materialien im eigenen Unterricht | x | x | x | x | x |
| Nutzung der Materialien durch alle Lehrkräfte des Kollegiums an der lizensierten Schule |  |  | x |  | x |
| Einstellen des Materials im Intranet oder Schulserver der Institution |  |  | x |  | x |

Die erweiterten Lizenzmodelle zu diesem Titel sind jederzeit im Online-Shop unter www.kohlverlag.de erhältlich.

# Inhalt

**Seite**

**Der Zeitungsbericht** — 4
- *Zeitungsnachricht - Zeitungskurzbericht*

**1 Auf die W-Fragen kommt es an!** — 5 - 11

**2 Das Wichtigste zuerst!** — 12 - 18
- *Zweimal dasselbe – oder doch nicht?*
- *Schwerpunkte setzen*
- *Neue Schwerpunkte*

**3 Je kürzer der Text, umso wichtiger die Anordnung** — 19 - 24
- *Kurze Texte richtig anordnen*

**4 Üben, üben, üben ...** — 25 - 30

**Der Bericht** — 31
- *Von einem Geschehen berichten*

**5 Genau informieren** — 32 - 36
- *Vor Gericht*

**6 Das Passiv** — 37 - 39
- *Und wenn man nicht so genau weiß, wer's war?*

**7 Auf die Einzelheiten achten** — 40 - 44
- *Ein Stundenbericht*

**8 Die Sachlichkeit macht's** — 45 - 47

**9 Die zeitliche Reihenfolge darstellen** — 48 - 51
- *Glasbruch*

**10 Zusammenhänge zwischen Teilvorgängen und Teilhandlungen** — 52 - 55
- *Gibt es Zusammenhänge? Oder nicht?*

**11 Berichten von etwas, das jemand anders gesagt hat** — 56 - 60
- *Direkte/Indirekte Rede*

**12 Erfolgskontrolle** — 61 - 63
- *Bewertungsbogen für einen Bericht*

**13 Die Lösungen** — 64 - 71

# Der Zeitungsbericht

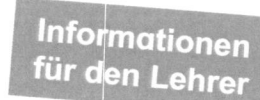

## Zeitungsnachricht – Zeitungskurzbericht

Die häufigste Form einer berichtenden Darstellung, mit der die Schüler es im außerschulischen Leben später einmal zu tun haben werden, dürfte wohl die Zeitungsnachricht bzw. der Kurzbericht sein.

Nun könnte man davon ausgehen, dass mit dem Zeugenbericht eigentlich das Wichtigste zum Thema „Bericht" gesagt und behandelt ist. Dem ist allerdings nicht so. Gerade die Zeitungsnachricht mit ihrer angeblichen Sachlichkeit bietet verschiedenste Möglichkeiten der „sprachlichen Manipulation". Diese Manipulationsmöglichkeiten reichen von der Auswahl des Berichteten über die Perspektivik bis hin zur Schwerpunktsetzung.

Dabei soll nun hier nicht behauptet werden, eine solche „Manipulation" sei vermeidbar. Natürlich muss ein Schreiber auswählen und er muss seine ausgewählten Teilnachrichten in irgendeiner Weise auch anordnen, darum aber kann es hier nicht gehen. Vielmehr soll die Einsicht vermittelt werden, dass sich eben Schwerpunkte setzen lassen und dass man solche Schwerpunktsetzung durchschauen und damit auch hinterfragen kann.

<u>Somit ergeben sich als wichtige Unterrichtsziele:</u>

- Die Schüler lernen, ein komplexes Geschehen zu filtern und den Kern sowie die wichtigsten Umstände und Zusammenhänge eines Vorkommnisses zu erfassen.

- Sie lernen, das so Erfasste verknappt aber sachlich darzustellen.

- Sie lernen, die verbleibenden Geschehensteile so anzuordnen, dass deutlich wird, was der Schreiber für besonders wichtig hält.

- Die Schüler eignen sich eine gewisse Flexibilität in der Satzgliedstellung an. Sie erkennen das besondere Gewicht, das die Spitzenstellung im Satz wie im Text verleiht.

# 1 Auf die W-Fragen kommt es an!

*Informationen für den Lehrer*

Als Einstieg wird eine Bildfolge gewählt, die einen Unfall zeigt *(Seite 7)*.
Die Schüler vergegenwärtigen sich die Situation und versetzen sich in das Geschehen.

Die Schüler sollen zunächst in Stillarbeit eventuell nach einem Gespräch einen Stichwortzettel anfertigen. Im Anschluss werden diese Notizen besprochen und ergänzt bzw. gekürzt. Es könnte festgestellt werden:

- Mutter bringt ihre Tochter morgens zur Schule.
- Kind und Mutter winken sich zum Abschied zu.
- Vor der Schultür ist ein Zebrastreifen.
- Vor dem Zebrastreifen parkt das Auto der Mutter.
- Ein zweites Auto fährt heran.
- Das Kind wird vom Auto angefahren und liegt verletzt auf dem Zebrastreifen.
- Der Krankenwagen transportiert das Kind ab.

Der Zeugenbericht *(Seite 8)* sollte schriftlich angefertigt werden. Es kann auch in Partnerarbeit gearbeitet werden. Bei der Besprechung wird man festhalten:

> Die für den Hergang eines Geschehens besonders wichtigen Teile müssen möglichst genau dargestellt werden. Daher muss man vor allem sagen, wer in welcher Weise beteiligt war und was in welcher Reihenfolge geschah.

Die folgende Zeitungsnachricht *(Seite 8)* wird mit den Zeugenberichten der Schüler verglichen *(Seite 9)*. Der Vergleich lässt sich mithilfe einer kleinen Tabelle durchführen.

**Impuls**

- Überlegt: Welche Absichten könnten ...
  - ... hinter der eigenartigen Anordnung der Einzelheiten in der Tabelle stehen?
  - ... hinter der Auswahl an Einzelheiten in der Zeitungsmeldung stehen?

**Hinweis**

Die Schüler sollten hier frei vermuten dürfen. Wahrscheinlich werden sie hinsichtlich der Auswahl auf den Gesichtspunkt der Wichtigkeit bzw. Betonung kommen. Wenn es um die Anordnung geht, könnte die Lehrkraft den Tipp geben: Stellt doch mal um. Was ändert sich da? In der Zeitungsmeldung interessiert natürlich nicht alles, was im Zeugenbericht wichtig ist. Kürze und Knappheit sind angesagt.

# 1. Auf die W-Fragen kommt es an!

*Informationen für den Lehrer*

### Impuls

Von dieser Überlegung geht der nächste Schritt aus: eine Zeitungsmeldung im alten Rom *(Seite 10)*. Mitgeteilt wird, dass Caesar an seinem Ziel ankam, dass er nur mal kurz „hingeguckt" hat und dass er ziemlich schnell siegte, da der Feind wohl kaum Widerstand leistete. Daraus lässt sich weiterhin schließen: Der Feldzug wird nicht lange dauern, die Kosten sind recht gering und die eigenen Verluste sind niedrig. Der Feldherr wird bald nach Hause zurückkehren.

Der ursprüngliche Empfänger der Botschaft war der römische Senat, das höchste Gremium in Rom. Dieser Senat hatte Caesar im Jahre 47 v. Chr. ausgesandt, einen Krieg gegen den König von Ponthus zu führen. Die entscheidende Schlacht fand bei Zela statt. Auf sie bezieht sich auch Caesars Botschaft. Schreibt nun eine kurze (aber doch etwas ausführlichere!) Nachricht für die altrömische Tageszeitung (so etwas gab es tatsächlich schon!).

### Hinweis

Der Impuls ist als Hausaufgabe gedacht. Vorbereitend sollte aber zusammengestellt werden:

- Was ist eine Nachricht?
- Was gehört in eine Nachricht?

<u>An der Tafel wird festgehalten:</u>

---

Als Nachricht bezeichnet man eine kurze Mitteilung über ein Ereignis. Sie informiert über die wichtigsten Einzelheiten, indem sie Antwort gibt auf die Fragen:

- Was geschah?
- Wer war beteiligt?
- Wie geschah es?        } W - Fragen
- Wann geschah es?
- Wo geschah es?

---

<u>Das erste Kapitel dauert 3 Unterrichtsstunden</u>

| Seiten | 7/8 | 1. Unterrichtsstunde |
| Seiten | 8/9 | 2. Unterrichtsstunde |
| Seiten | 10/11 | 3. Unterrichtsstunde |

Diese Einteilung gilt nur als Richtwert, da die tatsächliche Unterrichtszeit von der Individualität Ihrer Schüler und deren eigenem Lerntempo abhängt. Die einzelnen Kopiervorlagen müssen nicht immer vollständig erarbeitet werden, um einen Lernerfolg zu erzielen.

*Seite 6*

# 1 Auf die W-Fragen kommt es an!

PA

**Aufgabe 1**: **a)** *Betrachtet die Bildfolge zu einem Unfall und besprecht, was passiert ist.*

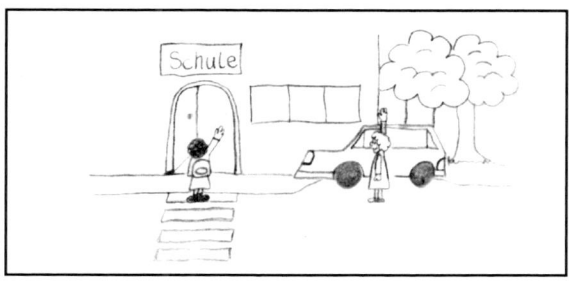

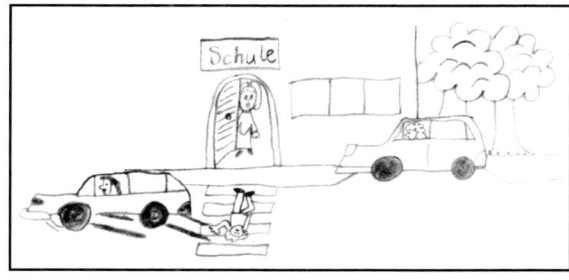

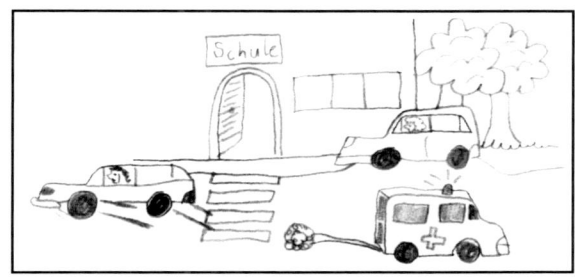

**b)** *Stellt euch vor, ihr habt alles von der gegenüberliegenden Straßenseite aus beobachtet. Was geschieht da? Notiert in Stichpunkten Einzelheiten zum Geschehensablauf und zu den näheren Umständen.*

Bild 1: ______________________________________________

______________________________________________

Bild 2: ______________________________________________

______________________________________________

Bild 3: ______________________________________________

______________________________________________

**c)** *Vergleicht eure Stichpunkte und findet eine Überschrift!*

______________________________________________


DER BERICHT
12 Unterrichtseinheiten mit fix und fertigen Kopiervorlagen – Bestell-Nr. 10 899
KOHL VERLAG

# 1  Auf die W-Fragen kommt es an!

**Aufgabe 2:** Schreibe für die Polizei einen Zeugenbericht.
Du benötigst hierfür diese Informationen:

→ Die für den Hergang eines Geschehens wichtigen Teile müssen möglichst genau dargestellt werden. Daher muss man vor allem sagen, wer in welcher Weise beteiligt war und was in welcher Reihenfolge geschah.

_____
Überschrift

_____
_____
_____
_____
_____
_____
_____
_____
_____

**Aufgabe 3:** Am nächsten Tag findet sich der folgende Text in der Zeitung. Lies ihn aufmerksam.

**Wieder Unfall vor der Schule**

BRETTFELD (pab). Zum dritten Mal innerhalb eines Monats kam es zu einem Unfall mit Personenschaden am Fußgängerüberweg vor der Schule. Ein PKW-Fahrer erfasste die Situation falsch, als ein Kind am frühen Morgen sich auf dem Zebrastreifen stehend von seiner Mutter verabschiedete. Der Autofahrer konnte nicht rechtzeitig bremsen und erfasste das Kind, das durch den Aufprall zu Boden geschleudert wurde. Ein Rettungswagen des DRK brachte das verletzte Kind in das Städtische Krankenhaus, wo es stationär behandelt werden musste.

# 1  Auf die W-Fragen kommt es an!

**Aufgabe 4:** *Vergleicht die Zeitungsnachricht mit euren Zeugenberichten!*

**Verwendet dieses Raster:**

|  | Zeugenbericht | Zeitungsnachricht |
|---|---|---|
| **Beteiligte** | _____ <br> _____ <br> _____ | Kinder <br> Mutter <br> PKW-Fahrer <br> …. |
| **Teilvorgänge** | 1. PKW steht vor dem Zebrastreifen <br><br> 2. Mutter steht vor der Wagentür <br><br> 3. Mutter und Tochter winken zum Abschied <br><br> 4. Lehrerin steht in der Schultür <br><br> 5. zweiter PKW fährt heran <br><br> 6. Kind wird vom PKW angefahren <br><br> 7. Kind liegt verletzt auf dem Zebrastreifen <br><br> 8. Rettungswagen wird gerufen <br><br> 9. Kind wird im Rettungswagen abtransportiert | _____ <br> _____ <br> _____ <br> _____ <br> _____ <br> _____ <br> _____ <br> _____ <br> _____ |
| **Anordnung der Informationen, Benutze die Nummern.** | _____ <br> _____ <br> _____ | _____ <br> _____ <br> _____ |
| **Weitere Unterschiede** | _____ <br> _____ <br> _____ | _____ <br> _____ <br> _____ |

# 1  Auf die W-Fragen kommt es an!

**Aufgabe 5:** Lies den folgenden Text.

Gaius und Octavius, zwei Jungen im alten Rom, sind verwundert, genauer gesagt, sie haben etwas nicht so ganz verstanden. Da hatten sie gehört, eine wichtige Nachricht von Julius Caesar, dem berühmten Feldherrn, sei eingetroffen und an allen Nachrichtensäulen angeschlagen. Und jetzt steht da nur: „VENI – VIDI – VICI" („Ich kam, ich sah, ich siegte.")

**Aufgabe 6:** a) Notiert hier noch einmal den berühmten Ausspruch Caesars!

(Lateinisch) _____ - _____ - _____

(Deutsch) _____ - _____ - _____

b) Stellt euch vor, ihr steht vor der Meldung. Steht ihr auch „auf dem Schlauch"? Was wird euch hier mitgeteilt? Denkt genau nach, ihr habt bereits einige Infos.

Caesar _____ . Er _____ und er _____ .

c) Im alten Rom wurden die Nachrichten in Stein gemeißelt. Vielleicht waren sie deshalb so kurz. Verfasst eine moderne Zeitungsmeldung!

Cäsar, der berühmte Feldherr, ist auf einem Feldzug ...
_____
_____

Der Feind ... _____
_____
_____
_____
_____

*Seite 10*

# 1 Auf die W-Fragen kommt es an!

Als Nachricht bezeichnet man eine kurze Mitteilung über ein Ereignis. Sie informiert über die wichtigsten Einzelheiten, indem sie Antwort gibt auf die folgenden Fragen:

- Was geschah?
- Wer war beteiligt?
- Wie geschah es?
- Wann geschah es?
- Wo geschah es?

} W - Fragen

**Aufgabe 7:** *Denkt nun noch einmal in Ruhe darüber nach.*

a) Was ist eine Nachricht?

_____

_____

b) Was gehört in eine Nachricht?

_____

_____

_____

_____

**Aufgabe 8:** *Jeder Partner füllt seine W-Fragen-Tabelle mit Stichworten zu einer Nachricht aus. Tauscht anschließend die Tabellen aus und schreibt eine Nachricht mit den Informationen eures Partners. Lest euch eure Nachrichten gegenseitig vor. Waren die W-Fragen ausreichend beantwortet? Wurden alle Infos verwendet?*

| Was ... | Wer ... | Wie ... | Wann ... | Wo ... |
|---------|---------|---------|----------|--------|
|         |         |         |          |        |
|         |         |         |          |        |
|         |         |         |          |        |

# 2 Das Wichtigste zuerst!

*Informationen für den Lehrer*

Wahrscheinlich werden meist die zentralen W-Fragen (Was? Wann? Wer?) von den Schülern beantwortet. Einige Fragen können allerdings kaum beantwortet werden, insbesondere Fragen nach wichtigen (Begleit-)Umständen. Man hält dann einzelne Nachrichten nebeneinander fest, um den zweiten Schritt vorzubereiten.

Wie kommt es, dass in Aufgabe 4 (Seite 9) so verschiedene Anordnungen gewählt wurden?

Die einzelnen Autoren können ihre Wahl begründen, soweit dies möglich ist. (Oft ist da einiges – so glaubt man jedenfalls – nur „zufällig". Allerdings: In den meisten Fällen steckt eine – wenn auch versteckte! – Absicht hinter der Anordnung.) Eine genaue Ordnung wird mit den folgenden Seiten erläutert.

Hier werden zwei ähnliche Texte verglichen *(Seite 13)*. Der erste Text stellt die jugendliche Landfahrerin in den Mittelpunkt, die als Ladendiebin gefasst werden konnte, während im zweiten Text der Geschäftsmann betont wird, der sein Eigentum sicherstellen kann. Erst dann gibt es eine knappe Information zum eigentlichen Geschehen.

Es kann weiterhin nach der „Aufgabe" des Resttextes gefragt werden. So wird deutlich, dass durch diesen das gemeldete zentrale Geschehen eingeordnet wird. Diese Erkenntnisse aber sollten durch weitere Texte gesichert werden. Vorläufig wird ein Sachverhalt festgehalten, später ergänzt.

---

Eine Nachricht sollte so aufgebaut sein, dass die wichtigste Information am Anfang steht.

<u>Spätere Ergänzung</u>:

Der übrige Text ...

- ... ordnet das Gemeldete in einen größeren Rahmen ein,
- ... zeigt die zeitliche Abfolge des Geschehens,
- ... nennt Ort und Beteiligte,
- ... stellt die Art und Weise des Ablaufs dar und
- ... nennt manchmal auch Gründe und Folgen des Geschehens.

---

Die Texte auf *Seite 15* werden auf die Reihenfolge ihrer Informationen hin untersucht. Hier sollte auf besondere Sorgfalt geachtet werden. Man wird darauf achten, dass sauber an den Texten gearbeitet wird (farbliche Markierungen…). Die einzelnen Paare sollten eigenständig ihre Ergebnisse präsentieren.

**Impuls**

Ihr habt nun bestimmt Schwerpunktsetzungen in euren Texten festgestellt. Formuliert eure Texte so um, dass neue, andere Schwerpunkte gesetzt werden. Wir sollten zunächst überlegen, welche anderen Schwerpunkte möglich wären.

**Hinweis**

Denkbar wären beispielsweise: Seite 15, Text: <u>Hund rettet fünf Menschenleben</u>, Brand, gefährdete Menschen, Feuerwehr, gerettet;  Text: <u>Kätzchen gerettet</u>, Kätzchen in der Platane, aufmerksame Passanten;  Text: <u>Bande von Jugendlichen ertappt</u>, - Kaufhausdetektiv, Kaufhausangestellte, Kaufhausdiebstahl.

---

<u>Das zweite Kapitel dauert 3 Unterrichtsstunden</u>

| | |
|---|---|
| Seiten 13-14 | 1. Unterrichtsstunde |
| Seiten 15-16 | 2. Unterrichtsstunde |
| Seiten 16-18 | 3. Unterrichtsstunde |

Diese Einteilung gilt nur als Richtwert, da die tatsächliche Unterrichtszeit von der Individualität Ihrer Schüler und deren eigenem Lerntempo abhängt. Die einzelnen Kopiervorlagen müssen nicht immer vollständig erarbeitet werden, um einen Lernerfolg zu erzielen.

# 2  Das Wichtigste zuerst

## Zweimal dasselbe – oder doch nicht?

 **Aufgabe 1:** a) *Lest beide Nachrichten genau!*

Text 1:

> **Landfahrerin verhaftet**
>
> ERBACH (pba). Eine noch jugendliche Landfahrerin wurde in einem Bekleidungsgeschäft dabei ertappt, als sie zwei Rollis entwenden wollte. Die Rollis konnten von dem Geschädigten sichergestellt werden. Die Landfahrerin wurde der Kriminalpolizei übergeben. Sie gehört einer Sippe an, die sich zurzeit auf der Durchreise befindet.

Text 2:

> **Landfahrerin ertappt**
>
> ERBACH (pba). Ein hiesiger Geschäftsmann konnte gerade noch zwei Rollkragenpullover sicherstellen. Er hatte eine noch jugendliche Landfahrerin dabei ertappt, wie sie die Kleidungsstücke stehlen wollte.

b) *Beschreibt die Unterschiede zwischen den beiden Texten!*

Landfahrerin verhaftet: _____

_____

Landfahrerin ertappt: _____

_____

c) *Was sollte eigentlich im Mittelpunkt des Textes „Landfahrerin verhaftet" stehen?*

_____

_____

> Eine Nachricht sollte so aufgebaut sein, dass die wichtigste Information am Anfang steht.

# 2 Das Wichtigste zuerst

Eine Nachricht sollte so aufgebaut sein, dass die wichtigste Information am Anfang steht.

<u>Zur späteren Ergänzung gehört</u>:

Der übrige Text ...
- ... ordnet das Gemeldete in einen größeren Rahmen ein,
- ... zeigt die zeitliche Abfolge des Geschehens,
- ... nennt Ort und Beteiligte,
- ... stellt die Art und Weise des Ablaufs dar und
- ... nennt manchmal auch Gründe und Folgen des Geschehens.

**Aufgabe 2:** a) *Unterstreiche die zentrale Information (darauf liegt der Schwerpunkt) in den beiden Texten in Rot.*

b) *Was gehört jeweils zum sogenannten „Resttext"?*

Text 1: _____

_____

_____

Text 2: _____

_____

_____

**Aufgabe 3:**  a) *Beantworte die W-Fragen aus den Informationen, die in den Texten 1 und 2 enthalten sind. Erstelle eine Tabelle in deinem Heft/Ordner.*

> Was geschah? – Wer war beteiligt? – Wie geschah es?
> Wann geschah es? – Wo geschah es?

b) *Verfasse mit den W-Fragen einen einfachen Zeitungstext. Achte darauf, deine wichtigste Aussage zuerst zu nennen.*

# 2 Das Wichtigste zuerst

## Schwerpunkte setzen

 **Aufgabe 4:** a) *Lest die folgenden Nachrichten aufmerksam!*

---

**Hund rettet fünf Menschenleben**

BAD KISSINGEN (pba). Durch sein Gebell hat ein Hund gestern Morgen in Bad Kissingen fünf Menschen vor dem sicheren Flammentod bewahrt. Die 34-jährige Hundebesitzerin war gegen vier Uhr vom lauten Gebell ihres Dackels Waldi geweckt worden und bemerkte starken Rauch. Sie alarmierte die Feuerwehr, welcher es gelang, die fünf Bewohner des in Flammen stehenden Hauses aus dem zweiten Stockwerk mittels einer Drehleiter zu retten.

---

**Kätzchen gerettet**

DAMMBERG (pba). Dem beherzten Einsatz des zweiten Löschzugs der Berufsfeuerwehr und ihrer neuen Drehleiter verdankt ein Kätzchen vermutlich sein Leben oder zumindest seine Gesundheit. Passanten hatten die Feuerwehr gerufen, als sie in der obersten Krone einer der mächtigen Platanen im Domgarten ein Kätzchen bemerkten, das nicht mehr weiterkam.

---

**Bande von Jugendlichen ertappt**

DORNSTADT (pba). Eine Bande jugendlicher Kaufhausdiebe wurde gestern im Großen Kaufhaus ertappt und festgenommen. Dem Kaufhausdetektiv fiel ein elfjähriger Junge auf, der sich in der Fachabteilung für elektronische Kleingeräte herumtrieb. Während der Detektiv den Jugendlichen zur Rede stellte, versuchten zwei Komplizen, mit einigen Kleingeräten die Abteilung zu verlassen. Aufmerksame Verkäufer hielten sie fest und übergaben sie der Polizei. Bei der Vernehmung gab das Trio noch eine Reihe weiterer Ladendiebstähle zu.

---

b) *Wo werden in den Texten W-Fragen beantwortet? Markiert die Infos zu den folgenden Fragen in diesen Farben!*

| Was geschah? | → | rot |
| Wer war beteiligt? | → | blau |
| Wie geschah es? | → | grün |
| Wann geschah es? | → | gelb |
| Wo geschah es? | → | schwarz |

## 2 Das Wichtigste zuerst

**Aufgabe 5:** *In welcher Reihenfolge werden die Einzelheiten angeordnet? Notiert in Stichworten!*

Hund rettet fünf Menschenleben: _____

_____

Kätzchen gerettet: _____

_____

Bande von Jugendlichen ertappt: _____

_____

## Neue Schwerpunkte

**Aufgabe 6:** *Formuliere jeden Bericht so um, dass sich neue Schwerpunkte und damit neue Reihenfolgen ergeben!*

a) <u>Hund rettet fünf Menschenleben</u>: Stelle den **Brand** an den Anfang, ordne die **gefährdeten Menschen** und die **Feuerwehr** dahinter.

*Neue Überschrift*

Seite 16

## 2 Das Wichtigste zuerst

b) <u>Kätzchen gerettet</u>: Das **Kätzchen auf der Platane** steht nun im Mittelpunkt und die **aufmerksamen Passanten** werden nachgeordnet.

*Neue Überschrift*

c) <u>Bande von Jugendlichen ertappt</u>: Der **Kaufhausdetektiv** steht im Mittelpunkt der Nachricht, die **Kaufhausangestellten** und der **Kaufhausdiebstahl** sind nachrangig.

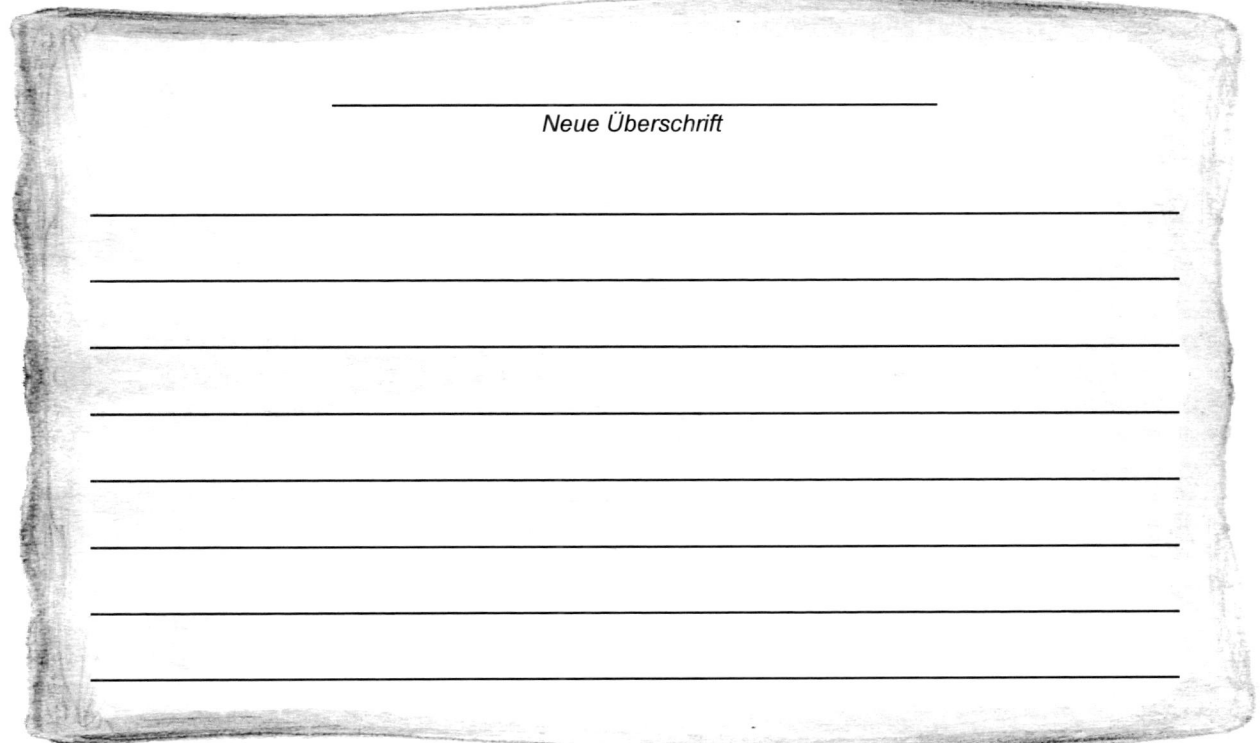

*Neue Überschrift*

# 2 Das Wichtigste zuerst

**Aufgabe 7:** *Welche Veränderung erfahren die Texte durch die Umformulierung? Vergleiche in der Tabelle die alten und neuen Texte miteinander!*

### a) Hund rettet fünf Menschenleben

| alter Text | neuer Text |
|---|---|
|  |  |

### b) Kätzchen gerettet

| alter Text | neuer Text |
|---|---|
|  |  |

### c) Bande ertappt

| alter Text | neuer Text |
|---|---|
|  |  |

# 3 Je kürzer der Text, umso wichtiger die Anordnung

*Informationen für den Lehrer*

In dieser Stunde geht es um die Anordnung der Teilaussagen. Dabei werden die Möglichkeiten, die der deutsche Satzbau bietet, zum Tragen kommen. Es bietet sich hier die Möglichkeit, den grammatischen Aspekt „Satzgliedstellung" funktional zu behandeln bzw. zu vertiefen. Die einzelnen Übungen dazu können vertiefend durchgeführt werden.

Bei der Gestaltung von neuen Texten ist die Satzgliedstellung wichtig, um den Schwerpunkt hervorzuheben. Was am Anfang steht, erscheint am wichtigsten. Diese Beispiele zeigen, wie die Satzgliedstellung jeweils einen unterschiedlichen Schwerpunkt setzt.

---

<u>Dank der Aufmerksamkeit des Kaufhausdetektives</u> (A) wurde <u>gestern</u> (B) <u>eine Bande jugendlicher Kaufhausdiebe</u> (C) <u>im großen Kaufhaus</u> (D) ertappt und <u>von der Polizei</u> (E) <u>festgenommen</u>.

Erste Veränderung des Schwerpunktes:

<u>Eine Bande jugendlicher Kaufhausdiebe</u> (C) wurde <u>gestern</u> (B) <u>im großen Kaufhaus</u> (D) <u>dank der Aufmerksamkeit des Kaufhausdetektives</u> (A) ertappt und <u>von der Polizei</u> (E) <u>festgenommen</u>.

Zweite Veränderung des Schwerpunktes:

<u>Im großen Kaufhaus</u> (D) wurde <u>gestern</u> (B) <u>dank der Aufmerksamkeit des Kaufhausdetektivs</u> (A) <u>eine Bande jugendlicher Kaufhausdiebe</u> (C) ertappt und <u>von der Polizei</u> (E) <u>festgenommen</u>.

---

<u>Tipp</u>: Nachdem man dieses Beispiel genau durchgearbeitet hat, kann man auch weitere Beispiele an der Tafel oder mit dem Overheadprojektor durchspielen.

## 3. Je kürzer der Text, umso wichtiger die Anordnung

**Informationen für den Lehrer**

Bei den Arbeitsblättern auf den Seiten 21 und 22 sind nur Beispiellösungen möglich, da nicht zwingend und allgemeingültig immer dasselbe unterstrichen wird. Einzelne Unterstreichungen kann man aber begründen lassen.

Es ist wichtig, die Schüler dafür zu sensibilisieren, dass sie wahrnehmen, dass es immer mehrere Möglichkeiten der Anordnung gibt, aber die wichtigste zu Beginn als Information gegeben werden sollte.

Bei der Aufgabe 7 auf Seite 24 entsteht eine Nachricht zum Einbruch. So könnten die Texte besprochen werden:

*Die Zuhörer beobachten:*
*Worauf hat der Schreiber einen besonderen Akzent gesetzt?*
*Sind die näheren wichtigen Umstände erwähnt?*
*Welche Reihenfolge wurde festgelegt?*
*Was hätte weggelassen werden können?*
*Was fehlt?*

**Hinweis**

Es sind sehr wohl verschiedene Schwerpunkte möglich. Hier gilt es, Satzbaupläne zu erproben.

Beispiel:

- Einen größeren Sachschaden gab es bei einem nächtlichen Einbruch im Sportlerheim.
  Bei einem nächtlichen Einbruch im Sportlerheim gab es einen größeren Sachschaden.

- Im Sportlerheim gab es bei einem nächtlichen Einbruch einen größeren Sachschaden.

- Wenig erbeutet aber großen Sachschaden angerichtet haben nächtliche Einbrecher im Sportlerheim ...

---

Das dritte Kapitel dauert 4 Unterrichtsstunden

| | |
|---|---|
| Seite 21 | 1. Unterrichtsstunde |
| Seite 22 | 2. Unterrichtsstunde |
| Seite 23 | 3. Unterrichtsstunde |
| Seite 24 | 4. Unterrichtsstunde |

Diese Einteilung gilt nur als Richtwert, da die tatsächliche Unterrichtszeit von der Individualität Ihrer Schüler und deren eigenem Lerntempo abhängt. Die einzelnen Kopiervorlagen müssen nicht immer vollständig erarbeitet werden, um einen Lernerfolg zu erzielen.

# 3 Je kürzer der Text, umso wichtiger die Anordnung

Wie schon erwähnt, sollten die wichtigsten Informationen immer zu Beginn eines Berichtes stehen. Dabei ist die Satzgliedstellung entscheidend. Durch sie kann man andere Schwerpunkte für einen Bericht setzen. Die Schwerpunkte finden sich am Satzanfang.

**Aufgabe 1:** *Lies die folgenden Sätze genau durch.*

<u>Dank der Aufmerksamkeit des Kaufhausdetektives</u> wurde <u>gestern</u> <u>eine Bande
**A**                                                        **B**      **C**
jugendlicher Kaufhausdiebe</u> <u>im großen Kaufhaus</u> ertappt und <u>von der Polizei
                               **D**                                **E**
festgenommen.</u>

☞ **Erste Veränderung des Schwerpunktes:**

<u>Eine Bande jugendlicher Kaufhausdiebe</u> wurde <u>gestern</u> <u>im großen Kaufhaus</u>
**C**                                              **B**          **D**
<u>dank der Aufmerksamkeit des Kaufhausdetektives</u> ertappt und <u>von der Polizei
**A**                                                              **E**
festgenommen.</u>

☞ **Zweite Veränderung des Schwerpunktes:**

<u>Im großen Kaufhaus</u> wurde <u>gestern</u> <u>dank der Aufmerksamkeit des Kaufhaus-
**D**                          **B**         **A**
detektivs</u> <u>eine Bande jugendlicher Kaufhausdiebe</u> ertappt und <u>von der Polizei
             **C**                                                     **E**
festgenommen.</u>

**Aufgabe 2:** *Erstellt zu den folgenden Sätzen jeweils einen Satz, in dem ihr die Satzglieder so umgestellt habt, dass der Schwerpunkt der Aussage verändert wurde. Schreibt in eure Hefte/Ordner.*

a) Ein 54-jähriger Fußgänger hatte fast das Ende des Zebrastreifens erreicht, als ein unaufmerksamer Radfahrer bei Rot über die Ampel fuhr und den Fußgänger zu Fall brachte.

b) Nach der Niederlage der Platzherren beim Fußball-Lokalspiel zwischen dem FC Niedernhausen und Concordia Oberhausen kam es zu blutigen Krawallen zwischen den beiden Fangruppen, die von der Polizei geschlichtet werden mussten.

# 3  Je kürzer der Text, umso wichtiger die Anordnung

## Kurze Texte richtig anordnen

Am Morgen des 14. Januar verließ Rense, ein 12-jähriger Junge aus Urk, das elterliche Haus, welches unmittelbar am Ijsselmeer lag, um sich auf den Schulweg zu machen. Er hörte Hilferufe und eilte zum Ufer, um nachzusehen, was da los war. Auf einer im eisigen Wasser des Binnenmeeres treibenden Eisscholle sah er mehrere Menschen, welche wild gestikulierten, um auf sich aufmerksam zu machen, und um Hilfe riefen. Rense eilte ins Haus zurück, um sein knapp zwei Meter langes Plastikpaddelboot zu holen, mit dem er dann zehn Kinder von der treibenden Scholle rettete. Inzwischen hatten auch Erwachsene bemerkt, dass da Menschen in Not geraten waren. Mit einem Ruderboot konnten noch weitere vier Kinder und ein Erwachsener gerettet werden. So verdanken zehn Kinder einem zwölfjährigen Jungen ihr Leben, welcher mutig und entschlossen handelte, ohne lange zu zögern.

**Aufgabe 3:** *Unsere Nachrichten bestehen nicht aus einem einzigen Satz. Wir überlegen, was aus dem wichtigsten Geschehen sonst noch in die Nachricht aufgenommen werden sollte und wie man das anordnen kann. Aus dem folgenden Bericht soll eine knappe Nachricht werden.*

    **a)** *Unterstreiche zunächst mit einem Lineal das, was am Wichtigsten ist!*

    **b)** *Unterstreiche mit einer zweiten Farbe die Teile, über die außerdem informiert werden soll!*

**Aufgabe 4:** **a)** *Verfasse nun eine Nachricht, indem du das, was du als das Wichtigste unterstrichen hast, in einem Satz zusammenfasst!*

_____

_____

_____

 **b)** *finde zwei weitere Satzgliedstellungen. Schreibe in dein Heft.*

# 3  Je kürzer der Text, umso wichtiger die Anordnung

**Aufgabe 5:**  Lege dich nun auf einen Eröffnungssatz fest und formuliere die übrigen Sätze, die zum Verstehen der Nachricht wichtig sind!

**Aufgabe 6:**  a) Lies den folgenden Text, der so in der Zeitung stand, aufmerksam durch!

---

**Zwölfjähriger rettet zehn Kinder von treibender Eisscholle**

Dem entschlossenen und unerschrockenen Handeln eines zwölfjährigen niederländischen Jungen verdanken zehn Kinder möglicherweise ihr Leben: Rense Bakker rettete im Ijsselmeer vor dem niederländischen Fischereihafen Urk mit seinem knapp zwei Meter langen Plastikpaddelboot die Kinder von einer im eisigen Wasser treibenden Eisscholle. Vier weitere Kinder und ein Erwachsener konnten mit einem größeren Ruderboot geborgen werden.

---

b) Vergleiche mit deiner Formulierung!

1. Hast du denselben Schwerpunkt gesetzt?

☐ ja   ☐ nein, mein Schwerpunkt ist ...

2. Ist die Auswahl der weiteren Informationen anders?

3. Gibt es Unterschiede in der Anordnung?

# 3 Je kürzer der Text, umso wichtiger die Anordnung

**Aufgabe 7:** Der „rasende Lokalreporter" unterwegs:

In einer Gaststätte am Sportplatz bei Cuxheim wurde am 28.5. eingebrochen. Der Lokalredakteur der Zeitung sprach mit dem Wirt und machte sich dabei folgende Notizen:

---

Gaststätte „Sportlerheim" – nachts unbewohnt – Fenster eingedrückt – Türschlosszylinder zerstört – eine Tür eingeschlagen – Wirt nimmt jeden Abend Kasse mit nach Hause – Zigarettenautomat wird abends geleert – Spielautomat zerstört – dort ca. 10 Euro erbeutet – Sachschaden nach Polizeischätzung ca. 1000 Euro

---

*Verfasse einen kurzen Bericht über diesen Einbruch.*
*Achte auf die richtige Anordnung!*

# 4 Üben, üben, üben ...

*Informationen für den Lehrer*

Die nun folgende Übungsphase sollte zum einen durch die Schülerinnen und Schüler vorbereitet werden, indem sie aus der Tagespresse Meldungen sammeln, aufkleben und unter Umständen auch schon bearbeiten, zum anderen können Abläufe vorgegeben werden, die dann in Kurzberichte umgesetzt werden sollen. Darüber hinaus können auch längere Zeitungsberichte ohne den fettgedruckten Einleitungsteil vorgegeben werden mit dem Auftrag: Verfasst den Einleitungsteil als Kurzbericht.

Bei den folgenden Übungen hilft es vor allem schwächeren Schülern, wenn sie sich eine W-Fragen-Tabelle erstellen und von ihr aus dann den Bericht verfassen.

## Zwischenkontrolle

Die Ideenkiste für eine Zwischenkontrolle nach diesem Kapitel:

Für Lernkontrollen gibt es immer zahlreiche Möglichkeiten. Nachdem nun die Zeitungsmeldungen intensiv bearbeitet wurden, kann es sinnvoll sein, eine Zwischenlernkontrolle einzufügen. Hierfür gibt es zahlreiche Möglichkeiten, so z.B.:

1. Man verfasst selbst einen längeren Zeitungsbericht und lässt die Schüler daraus einen Kurzbericht erarbeiten.
2. Es eignen sich aktuelle Berichte aus der Tagespresse, die als Vorlagen dienen.
3. Es werden stichpunktartig Informationen erstellt, aus denen ein Bericht zu verfassen ist.
4. Sie nutzen zahlreiche Beispiele aus der Literatur als Vorlagen für Kurzberichte. *(Beispiele: Emil und die Detektive (Erich Kästner, Cäcilie Dressler Verlag, Buchseiten 129 bis 135)*
5. Man gibt eine Erzählung vor und lässt einen Kurzbericht über das dargestellte Geschehen verfassen.
6. Sie können auch eine der folgenden Seiten als Zwischenkontrolle benutzen.

Zur Bewertung kann der Bewertungsbogen aus Kapitel **11** benutzt werden.

---

Das vierte Kapitel dauert 5 Unterrichtsstunden

| | |
|---|---|
| Seite 26 | 1. Unterrichtsstunde |
| Seite 27 | 2. Unterrichtsstunde |
| Seite 28 | 3. Unterrichtsstunde |
| Seite 29 | 4. Unterrichtsstunde |
| Seite 30 | 5. Unterrichtsstunde |

Diese Einteilung gilt nur als Richtwert, da die tatsächliche Unterrichtszeit von der Individualität Ihrer Schüler und deren eigenem Lerntempo abhängt. Die einzelnen Kopiervorlagen müssen nicht immer vollständig erarbeitet werden, um einen Lernerfolg zu erzielen.

# 4 Üben, üben, üben ...

Gestern war Herr Pfadt von der Verkehrswacht in Eppesbach Gast in der fünften Klasse der Kästner-Schule. Er hatte mehrere Spiele mitgebracht, in denen es immer um richtiges Verhalten im Straßenverkehr ging. Nachdem man sich im Klassenzimmer mit der Theorie und den Regeln beschäftigt hatte, was den Schülerinnen und Schülern schon viel Spaß machte – die Spiele waren lustig angelegt – ging es in den Schulhof. Jeder durfte zunächst sein Fahrrad vorführen und musste erläutern, was an dem Gefährt für die Sicherheit im Verkehr wichtig ist. An einzelnen Rädern hatte Herr Pfadt dann auch etwas auszusetzen. Da war die Handbremse nicht in Ordnung oder das Rücklicht funktionierte nicht. Bei einem fehlten die Rückstrahler an den Pedalen, bei einem andern die seitlichen Rückstrahler in den Speichen. Dann aber wurde ein Wettbewerb durchgeführt: Wer konnte einen abgesteckten Parcours fehlerfrei durchfahren? Da musste die Richtung angezeigt, auf die grüne Ampel gewartet oder dem von rechts Kommenden die Vorfahrt eingeräumt werden.

Zum Abschluss gab es für jeden Schüler ein Buch, durch das eine Figur namens „Hugo Ampel" führt. Anhand von Spielen, Rätseln und Sachaufgaben erfahren in diesem Buch die Kinder vieles über die Gefahren im Straßenverkehr. Mit seiner Hilfe sollen die Schüler leichter die Fahrradprüfung bestehen.

**Aufgabe 1:** a) *Lies den Text und unterstreiche den Schwerpunkt der Nachricht in <u>rot</u> und die nachgeordneten Informationen in <u>blau</u>.*

b) *Erstelle in deinem Heft/Ordner eine Stichworttabelle zu den W-Fragen.*

c) *Schreibe anschließend einen kurzen Zeitungsbericht!*

# 4 Üben, üben, üben ...

Die Spaziergänger im Wald von Dudenhofen sollten sich in den nächsten Tagen in Acht nehmen oder noch besser auf einen Spaziergang verzichten. Auf einer Fläche von 250 Hektar wird ab übermorgen vom Hubschrauber aus der Waldboden gekalkt. Die Arbeiten werden bei gutem Wetter etwa eine Woche dauern. Dabei geht es darum, den sauer gewordenen Boden wieder für die Bäume erträglich zu machen. Der Kalk muss vom Hubschrauber aus gestreut werden, da Bodenarbeit angesichts der großen Fläche und der fehlenden Zugangsmöglichkeiten nicht zu bewerkstelligen ist. Die Arbeiter werden an den betroffenen Stellen der Waldwege Warnschilder aufstellen. Gesperrt wird der Wald allerdings nicht, da die Kalkung ungefährlich ist und höchstens zur Verschmutzung der Kleidung führen kann.

**Aufgabe 2:**  a) *Lies den Text und unterstreiche die wichtigsten Informationen. Du kannst dir als Hilfe eine W-Fragen-Tabelle anlegen und den Schwerpunkt gesondert benennen.*

b) *Ordne die Mitteilung und schreibe einen Zeitungsbericht.*

## 4  Üben, üben, üben ...

Heinz Werhahn fuhr gern Mofa, obwohl er kein Mofa hatte und auch keinen Führerschein. Gestern juckte es ihn mal wieder und er griff sich am Sportplatz einfach ein dort abgestelltes Mofa. Mit einem Bolzenschneider hatte er das Vorhängeschloss im Handumdrehen geknackt. Den Bolzenschneider versteckte er im nahen Gebüsch, um ihn später wieder dort abzuholen. Er hatte, das war wohl sein Pech, ein Mofa erwischt, welches unzulässig manipuliert worden war und zu schnell fuhr. So fiel Heinz auf der Kreisstraße 31 zwischen Lingenfeld und Schwegenheim der Polizei auf. Diese wollte ihn anhalten, um ihn zu kontrollieren, aber Heinz flüchtete zunächst in einen Feldweg. Er löschte das Licht, um nicht mehr gesehen zu werden, und bog in einen Wingert ein. Die Polizei sah er nicht mehr. Wahrscheinlich fuhren die nun auch ohne Licht. Als er am anderen Ende des Weingartens ankam, standen da schon die Beamten und nahmen ihn in Empfang. Sie stellten das Mofa sicher und ermitteln nun, wie weit dessen Besitzer sich durch Manipulation am Gefährt ebenfalls strafbar gemacht hat.

**Aufgabe 3:**   a) *Lies den Text über Heinz Werhahn aufmerksam durch.*

b) *Notiere auf einem Stichwortzettel die wichtigen Informationen zu den W-Fragen. Bringe sie in die richtige Reihenfolge.*

c) *Schreibe anschließend einen Zeitungsbericht.*

# 4 Üben, üben, üben ...

Als Herr Prings gestern am späten Nachmittag nach Hause kam, erschrak er. Die Terrassentür seines Hauses in der Kastanienstraße stand sperrangelweit offen. Als er genauer hinsah, musste er feststellen, dass sie von innen geöffnet wurde. Er selbst wusste genau, dass er sie vor dem Weggehen geschlossen hatte. Außer ihm aber war niemand zu Hause. Er betrat sein Haus und sah sich in den Räumen um. Im Wohnzimmer waren alle Schubladen aus den Schränken gerissen, im Schlafzimmer stellte er fest, dass aus einem Kästchen, welches im Wäscheschrank versteckt war, der Schmuck seiner Frau gestohlen war. Es handelte sich um zwei Ringe, zwei Armbänder, eine Gold- und eine Perlenkette, zusammen im Wert von etwa 5000 Euro. Herr Prings rief die Polizei. Diese stellte fest, dass das Badezimmerfenster aufgehebelt worden war. Hier mussten der oder die Diebe eingedrungen sein. Im ganzen Haus fanden sich weitere Spuren der Verwüstung. Zeugen des Geschehens gibt es bisher noch nicht.

**Aufgabe 4:**
- *Lies den Text über Herrn Prings aufmerksam durch.*
- *Notiere auf einem Stichwortzettel die wichtigen Informationen. Bringe sie in die richtige Reihenfolge.*
- *Schreibe anschließend einen Zeitungsbericht.*

# 4 Üben, üben, üben ...

„Das kann nicht stimmen!", dachte Herr Ötzkün, türkischer Familienvater, als er mit seinem kleinen Sohn Mehmet dessen Sparbüchse zur Bank brachte und von der Kassiererin 22,34 Euro ins Sparbuch eingetragen wurden. Er hatte doch gerade gestern 5 Euro zusammen mit Mehmet in das Kästchen gesteckt. Und als Opa neulich zu Besuch war, gab es zehn Euro für die Sparbüchse. Und einiges andere war auch zusammengekommen. Nein, das hätte mehr sein müssen! Herr Ötzkün dachte nach. Das musste überprüft werden. Er nahm sich die Sparbüchse von Aylin, seiner fünfjährigen Tochter vor. Mit einem Schlüssel öffnete er das Kästchen und zählte das Geld. 43,55 Euro kamen zusammen. Herr Ötzkün legte nochmals drei Fünf-Euro-Scheine dazu und tat alles wieder in die Kasse zurück, allerdings bat er nun seinen Nachbarn, Herrn Bauer, zu bezeugen, dass er 58,55 Euro in die Kasse legte, ehe er sie verschloss und mit ihr und seiner Tochter wieder zur Bank ging. „38,55 Euro" wurde ins Sparbuch eingetragen. Jetzt wollte Herr Ötzkün den Vorgesetzten der Kassiererin sprechen. Er wurde dabei ziemlich laut, sodass ziemlich schnell ein Herr in Krawatte auf ihn zukam und ihn rauswerfen wollte, aber so einfach war das nicht. Herr Bauer hatte alles im Hintergrund beobachtet und schaltete sich nun ein. Die Polizei wurde hinzugezogen und überprüfte nun die Sparkassenmitarbeiterin. Diese gab zu, hin und wieder einen Teil des von Kindern eingezahlten Kleingeldes abgezweigt und in die eigene Tasche gesteckt zu haben. Inzwischen wurde die Dame vom Amtsgericht Augsburg wegen Untreue zu einer sechsmonatigen Bewährungsstrafe verurteilt. Außerdem muss sie 1800 Euro an eine gemeinnützige Organisation bezahlen. Ihren Arbeitsplatz hat sie natürlich auch verloren.

**Aufgabe 5:**  a) *Lies den Text aufmerksam durch.*

b) *Erstelle eine W-Fragen-Tabelle.*

c) *Schreibe anschließend einen Zeitungsbericht! Falls der Platz nicht ausreicht, schreibe auf der Blattrückseite weiter!*

# Der Bericht

**Informationen für den Lehrer**

## Von einem Geschehen berichten

**Zur Sache:**

Wenn man von einem Geschehen berichtet, so möchte man einen Leser vertraut machen mit einem Ablauf, den man erlebt hat. „Vertraut machen" heißt, man muss all das über Ablauf, Zusammenhänge und nähere Umstände mitteilen, was notwendig ist, damit der Leser das Gesamtgeschehen überblicken und verstehen kann. Da es beim Berichten um die Sache, den Ablauf, das Geschehen geht, soll die Sprache des Berichts sachlich und die Darstellung möglichst genau sein.

Für den Unterricht interessant werden folgende Aspekte:

- Genau beobachten
- Beobachtetes genau darstellen
- Auf eigene Beurteilungen verzichten
- Zeitliche Reihenfolge wahrnehmen
- Zeitliche Reihenfolge darstellen.

Tipp: Man kann im Laufe der folgenden Kapitel immer wieder Übungstakte einbauen, das heißt Schritte, in denen Schülerinnen und Schüler ihre Arbeit vorlesen und dann die Gesprächsleitung übernehmen, während die Klassenkameraden Vorschläge zur Verbesserung machen.
Die angebotenen Texte können natürlich mehr und mehr durch Texte ersetzt werden, die von den Schülerinnen und Schülern geschrieben wurden.

# 5 Genau informieren

**Informationen für den Lehrer**

**Möglicher Einstieg:**

Als Stundeneinstieg wäre ein Gespräch denkbar. Im Gespräch sollen Schüler von Vorfällen berichten, die ihnen in der letzten Zeit begegnet sind. Geeignet:

- *Klaus kam gestern mit einer blutenden Nase aus der Pause. Was war da passiert?*
- *Tinas Brille ging letzte Woche kaputt. Was war geschehen?*
- *...*

Bei den Berichten sollten die Schüler sich frei äußern. Die Zuhörer werden nach der Äußerung aufgefordert, genau zu wiederholen, was da abgelaufen war. Gegebenenfalls können sie auch durch Nachfragen Ergänzungen einfordern. In einem ersten Resümee kann überlegt werden, worauf man besonders achten muss, wenn man von einem Vorfall berichtet.

**Hinweis:**

Hier soll noch keine Vollständigkeit angestrebt werden. Vielmehr soll nur das festgehalten werden, was bisher erkannt wurde. So wird man vermutlich erste Begriffe fixieren:

- Vollständigkeit
- Genauigkeit
- Beteiligte
- Wichtige Begleitumstände (z. B. Wetter, Helligkeit, Geräusche usw.)

Die Arbeitsblätter auf den *Seiten 33 und 34* gehen dann noch auf die Genauigkeit ein. Hier wird aufgezeigt, wie man ohne Vermutungen und Bewertungen berichtet. Ebenso lernen die Schüler die genaue Position der Beobachtenden – nach der genaueren Position der Mütter, nach der genaueren Position der sich streitenden Kinder, nach der genaueren Abfolge: streitender Junge, Anrempeln der Frau, Flucht, Unfall *(Seite 33)* – mit einzubeziehen. Die folgenden Hinweise können im Unterrichtsgespräch nochmals benannt werden.

*Was muss man beachten, wenn man einen Zeugenbericht schreibt?*

- Man muss darstellen, was genau geschehen ist.
- Man muss darstellen, wo genau das Geschehen stattgefunden hat. Auch räumliche Einzelheiten sind wichtig und müssen dargestellt werden (z.B.: Wer kam von welcher Seite?).
- Man muss darstellen, in welcher Reihenfolge alles abgelaufen ist: Wie begann alles? Was geschah zuerst? Was geschah dann?
- Man muss darstellen, welche näheren Umstände das Geschehen beeinflusst haben (z.B.: Wie waren die Sichtverhältnisse? Wie war das Wetter?).

Das Arbeitsblatt Seite 36 kann den Schülern auch als stetige Vorlage zum Überprüfen ihrer Berichte dienen.

---

Das fünfte Kapitel dauert 4 Unterrichtsstunden

|  |  |
|---|---|
| Seite 33 | 1. Unterrichtsstunde |
| Seite 34 | 2. Unterrichtsstunde |
| Seite 35 | 3. Unterrichtsstunde |
| Seite 36 | 4. Unterrichtsstunde |

Diese Einteilung gilt nur als Richtwert, da die tatsächliche Unterrichtszeit von der Individualität Ihrer Schüler und deren eigenem Lerntempo abhängt. Die einzelnen Kopiervorlagen müssen nicht immer vollständig erarbeitet werden, um einen Lernerfolg zu erzielen.

# 5 Genau informieren

Jutta war Zeugin eines Verkehrsunfalls. Sie gibt folgenden schriftlichen Zeugenbericht:

> Ich ging am Freitag, dem 7. August 2009 von der Schule zur Bushaltestelle in der Hauptstraße, da traf ich an der Ecke Domplatz-Hauptstraße meine Freundin Anette. Während wir uns gerade unterhielten, kam ein himmelblauer, klappriger VW-Käfer die Hauptstraße heruntergerast. Neben uns tobten ein paar Kinder ziemlich wild herum, während sich ihre Mütter unterhielten. Die Kinder achteten bei ihrem ausgelassenen Herumtoben nicht auf die Straße und nahmen auch keine Rücksicht auf andere Passanten. So geschah es, dass das wildeste der Kinder eine etwas ältere Frau anrempelte, sodass diese stolperte und fast hinfiel. Der kleine, freche Junge bekam wohl Angst und wollte sich feige verdrücken. Dabei rannte er blindlings auf die Straße und dem zu schnellen VW geradewegs vor die Stoßstange. Das schusselige Kind hatte noch Glück, denn es kam nicht unter die Räder, sondern flog auf die vordere Haube und von da wieder auf die Straße. Da bremste endlich der Fahrer, sodass einige Passanten erschraken, da die Reifen ziemlich hässlich quietschten.

**Aufgabe 1:**  a) *Lies den Text über den Verkehrsunfall genau und versuche dir die Szene vorzustellen!*

b) *Die beteiligten Personen und Gegenstände werden an einigen Stellen näher charakterisiert. Unterstreiche die Stellen, unterscheide dabei bei den folgenden Farben:*

**rot** = Stellen, an denen bewertet oder beurteilt wird
**grün** = Stellen, an denen genauer beschrieben wird

c) *In einem Zeugenbericht darf man keine Bewertungen vornehmen. Ersetze die bewertenden durch beschreibende Wörter!*

| bewertend | beschreibend |
|---|---|
| klapprig | älteres Baujahr |
|  |  |
|  |  |
|  |  |
|  |  |
|  |  |
|  |  |
|  |  |
|  |  |
|  |  |
|  |  |

## 5 Genau informieren

### Vor Gericht

**Aufgabe 2:** a) Stellt euch vor, Juttas Bericht soll vor Gericht verwertet werden. Spielt diese Gerichtsszene! Folgende Rollen sind zu verteilen:

- der Richter/die Richterin
- Jutta
- der Verteidiger des „Unfallverursachers"

Bereitet die Spielszene vor, indem ihr den Text genau lest und mit verschiedenen Farben die Stellen markiert an denen ...

... der Richter nachfragen muss (blau).
... der Verteidiger des VW-Fahrers eingreifen wird (gelb).

b) Spielt die Szene einmal.

c) Nach diesem ersten Durchspielen verfasst ihr den Dialog.

Jutta: _____

_____

Richter: _____

Jutta: _____

_____

Richter: _____

Jutta: _____

_____

Anwalt des VW-Fahrers: _____

_____

Richter: _____

**Aufgabe 3:** Schreibe den Zeugenbericht jetzt in dein Heft/in deinen Ordner, indem du die bewertenden Aussagen durch beschreibende ersetzt.

## 5 Genau informieren

Wozu dient ein Zeugenbericht?

Wenn man von einem Geschehen berichtet, so möchte man einen Leser vertraut machen mit dem Ablauf eines Geschehens, das man beobachtet hat. **Der Leser soll informiert werden über ...**

- **den Ablauf,**
- **die Beteiligten,**
- **die Zusammenhänge und**
- **die näheren Umstände,**

soweit man das beobachtet hat.

Das gehört nicht in einen Zeugenbericht:

- Die *eigene Meinung*, vor allem über Schuld oder Unschuld.
- *Vermutungen* über Zusammenhänge.
- Vermutungen über das Denken und Planen anderer.
- *Bewertungen* der Verhaltensweisen und Handlungen Beteiligter. Vorsicht: „Zu schnell" ist bereits eine Bewertung!

**Aufgabe 4:** a) *Notiere* 
1. Angaben zur Zeit,
2. Angaben zum Ort,
3. Angaben zu den beteiligten Personen und
4. Angaben zum Ablauf.

 b) *Schreibe den vollständigen Zeugenbericht in dein Heft/in deinen Ordner.*

# 5 Genau informieren

Darauf muss geachtet werden, wenn man Geschehenes <u>genau</u> berichten will.

- Genau beobachten
- Beobachtetes genau darstellen
- Auf eigene Beurteilungen verzichten
- Zeitliche Reihenfolge wahrnehmen
- Zeitliche Reihenfolge darstellen

Um den Zeugenbericht zu schreiben, must du dich an folgendes halten:

☐ **Wann geschah es?**

*Angabe zur Zeit; Hier ist auch die zeitliche Reihenfolge wichtig.*

☐ **Wo geschah es?**

*Angabe zum Ort; Wo genau hat das Geschehen stattgefunden? Gibt es räumliche Einzelheiten, die wichtig sind und dargestellt werden müssen? Woher und wohin gingen die beteiligten Personen/Dinge? Wo saß/stand der Beobachtende?*

☐ **Wer war beteiligt?**

*Angaben zu den Beteiligten; Wer genau ist beteiligt? Wer war/ist Zeuge? Wer war an welchem Platz/in der Nähe, egal ob beteiligt oder unbeteiligt?*

☐ **Was geschah?**

*Angaben zum Geschehen; Was genau passierte?*

☐ **Wie geschah es?**

*Angaben zum Ablauf; In welcher Reihenfolge passierte es? Wie kam es zum Anfang/Ende? Wie waren die Beteiligten im Ablauf eingebunden?*

 **Aufgabe 5:** *Erstellt aus den Angaben unten einen eigenen Zeugenbericht. Schreibt in euer Heft/in euren Ordner.*

> <u>Angabe zur Zeit</u>: Am Ende der großen Pause, unmittelbar nach dem Klingeln.
>
> <u>Angabe zum Ort</u>: Im Schulhof, etwa zwei Meter von der rechten Eingangstür entfernt.
>
> <u>Angaben zu den Beteiligten</u>: Viele Schüler drängen am Pausenende zur Tür, ein Junge gerät zwischen andere Schüler.
>
> <u>Angaben zum Geschehen</u>: Junge wird im Gedränge geschubst, er fällt, seine Brille zerbricht.
>
> <u>Angaben zum Ablauf</u>: Nach dem Klingeln großes Gedränge vor der Tür. Der Junge kam so ins Gedränge zwischen die anderen, wurde geschubst, fiel hin. Größere stiegen über ihn und traten auf ihn. Brille kaputt.
>
> <u>Angaben zur Position des Beobachtenden</u>: Sitzgruppe direkt gegenüber dem Ausgang.

# 6 Das Passiv

**Informationen für den Lehrer**

## Und wenn man nicht so genau weiß, wer's war?

Manchmal kann es sinnvoll sein, sich mit der „Täterverschweigung", also den Passivformen zu beschäftigen.

Die Formen des „Werden-Passivs" beschreiben einen Vorgang, ohne den Urheber des Geschehens zu nennen (Beispiel: Der Finger wird geschient.).

Die Verben des „Sein-Passivs" geben einen Zustand an, der das Ergebnis des Geschehens ist, das vom Verb bezeichnet wird (Beispiel: Der Finger ist geschient.).

An der Tafel könnte als „Regel" festgehalten werden:

---

Wenn man nicht genau weiß, wer der Urheber eines Geschehens ist:

Manchmal kann man zwar sagen, was geschehen ist, man weiß aber nicht so genau, wer das eine oder andere getan hat. In solchen Fällen sollte man das Passiv verwenden.

**Beispiele:**   Klaus wurde geschubst.
Die Tür wurde von innen zugehalten.

---

Das sechste Kapitel dauert 2 Unterrichtsstunden

Seite 38    1. Unterrichtsstunde
Seite 39    2. Unterrichtsstunde

Diese Einteilung gilt nur als Richtwert, da die tatsächliche Unterrichtszeit von der Individualität Ihrer Schüler und deren eigenem Lerntempo abhängt. Die einzelnen Kopiervorlagen müssen nicht immer vollständig erarbeitet werden, um einen Lernerfolg zu erzielen.

## 6 Das Passiv

 **Aufgabe 1:** a) *Lest den folgenden Vorfall sehr aufmerksam!*

> Basketball ist zwar ein „körperloses" Spiel, doch lassen sich kleine Rempeleien nicht immer vermeiden. Michaela hat bei einer solchen Gelegenheit Pech. Sie kommt zu Fall und bricht sich dabei einen Finger. Natürlich muss sie zum Arzt, und bald darauf kommt von ihrer Krankenversicherung ein Fragebogen, auf dem auch eine genaue Darstellung des Vorgangs verlangt wird. Nach dem nächsten Training besprechen sich die Kinder. Es ist wirklich nicht genau auszumachen, wer nun wen gerempelt oder gestoßen hat, was Absicht war und was im Eifer des Spiels nicht zu vermeiden war. Man rekonstruiert:
>
> - Michaela führte den Ball, passte und lief unter den Korb.
> - Karin, Elke und Manuela wollten decken bzw. verteidigen.
> - Michaela bekam den Ball zugespielt – da passierte es.
> - „Ich wurde gerempelt, mehr weiß ich nicht", sagt sie.

b) *Schreibe den Vorfall oben als Bericht mit deinen eigenen Worten. Schreibe auf die Blattrückseite oder in dein Heft/in deinen Ordner.*

c) *Warum benutzt Michaela einen Passivsatz?*

_____

 **Aufgabe 2:** a) *Berichtet von ähnlichen Unfällen oder Begebenheiten, wo ihr zwar die Betroffenen und die Vorgänge nennen könnt, die jeweiligen Urheber aber ausspart!*

_____
_____
_____
_____
_____
_____

b) *Markiert alle Formulierungen, die im Passiv stehen, mit einem Textmarker!*

# 6 Das Passiv

**Aufgabe 3:** Vergleicht die folgenden Sätze mit euren eigenen Vorschlägen! Ordnet die Verbformen in die folgende Tabelle ein!

1. Michaela wird untersucht.
2. Ihr Finger wird geröntgt.
3. Er ist gebrochen.
4. Der Finger wird geschient.
5. Michaela wird nach Hause gefahren.
6. Ihr Finger ist eingegipst.
7. Das Spiel wird gewonnen.
8. Das Spiel ist gewonnen.
9. Manuela wird gelobt.
10. Michaela wird getröstet.

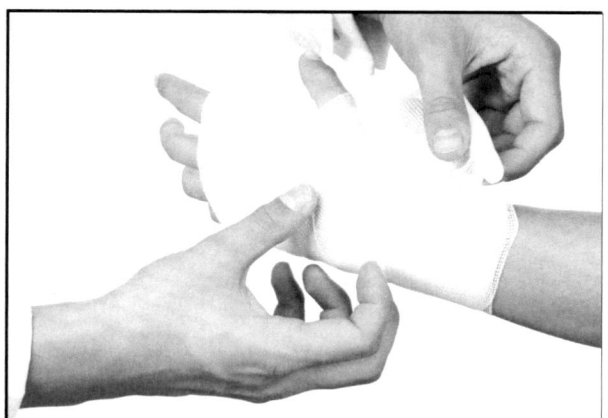

| werden - Passiv | sein - Passiv |
|---|---|
|  |  |
|  |  |
|  |  |
|  |  |
|  |  |
|  |  |
|  |  |
|  |  |
|  |  |

Wenn man nicht genau weiß, wer der Urheber eines Geschehens ist:

Manchmal kann man zwar sagen, was geschehen ist, man weiß aber nicht so genau, wer das eine oder andere getan hat. In solchen Fällen sollte man das Passiv verwenden.

**Beispiele:** Klaus wurde geschubst.
Die Tür wurde von innen zugehalten.

# 7 Auf die Einheiten achten

**Informationen für den Lehrer**

Das ist problematisch beim Berichten:
Wo ist der Bericht zu knapp? Wo ist er zu weitschweifig?

Die Schüler neigen meist zu einer knappen Darstellung. Hier kann man einlenken. Notfalls so:

*Markus war im Sonntagsgottesdienst und soll zu Hause berichten. „Der Pfarrer hat gepredigt.", teilt er knapp mit. „Worüber?", möchte seine Mutter wissen. „Über die Sünde!", antwortet Markus. „Ja und?", fragte die Mutter weiter. „Er war dagegen!", erklärt Markus kurz und bündig.*

Die Parallelgeschichte auf *Seite 41* ist zeitgemäßer.

Die Mutter möchte eigentlich wissen, welcher konkrete Stoff behandelt wurde, ob der Befragte alles verstanden hat und ob er sich am Unterricht erfolgreich beteiligt hat.

Die Mutter könnte fragen:

- Welches Rechtschreibproblem habt ihr besprochen?
- Welche Beispiele wurden behandelt?
- Welche Regel wurde formuliert?
- Habt ihr ein Übungsdiktat geschrieben?
- Wie viele und welche Fehler hast du gemacht?
- Hast du verstanden, wie die Regel „funktioniert"?

Nun lässt sich der Gegenstand problemlos erweitern und der „Stundenbericht" kurz einführen. (Das „Stundenprotokoll" sollte auf später verschoben werden.)

Im Arbeitsblatt *Seite 42* könnte der Vater folgende Fragen stellen:

- Wie war der Gegner?
- Wie war die eigene Mannschaft?
- Wer hat gut gespielt, wer schlecht?
- Wer hat die Körbe geworfen?
- Wie war der Spielverlauf?
- Welche Ursachen vermutest du für die Niederlage?
- Wie hast du selbst gespielt?
- Was meinte euer Betreuer?

---

Das siebte Kapitel dauert 3 Unterrichtsstunden

Seite 41     1. Unterrichtsstunde
Seite 42     2. Unterrichtsstunde
Seite 43     3. Unterrichtsstunde

Diese Einteilung gilt nur als Richtwert, da die tatsächliche Unterrichtszeit von der Individualität Ihrer Schüler und deren eigenem Lerntempo abhängt. Die einzelnen Kopiervorlagen müssen nicht immer vollständig erarbeitet werden, um einen Lernerfolg zu erzielen.

# 7 Auf die Einzelheiten achten

„Wie war's in der Schule?"

„Was gab's in Deutsch?"

„Und was habt ihr gelernt?"

„Na ja."

„Rechtschreibung."

„Man soll immer richtig schreiben."

**Aufgabe 1:** Dieses Gespräch ist nicht gerade sehr ergiebig. Sicher kennst du die Situation gut.

a) Notiere in Stichpunkten, was die Mutter eigentlich wissen möchte!

b) Welche Informationen enthalten die Antworten des Sohnes? Welche Informationen fehlen?

Informationen: _____

Das fehlt: _____

c) Entwirf eine Reihe von konkreten Fragen, die die Mutter stellen müsste, wenn sie Genaueres über die Deutschstunde und ihren Verlauf erfahren möchte! Schreibe in dein Heft/in deinen Ordner.

**Aufgabe 2:** Entwickelt gemeinsam einen ähnlichen nichts sagenden Dialog zwischen Mutter und Sohn wie oben. Schreibt in eure Hefte.

> Mutter: ...
> Sohn: ...
> Mutter: ...

# 7 Auf die Einzelheiten achten

Am Sonntagnachmittag spielte Markus Basketball. Und als er nach Hause kam, wiederholte sich das „Spiel" vom Vormittag, nur war diesmal Vater dran.

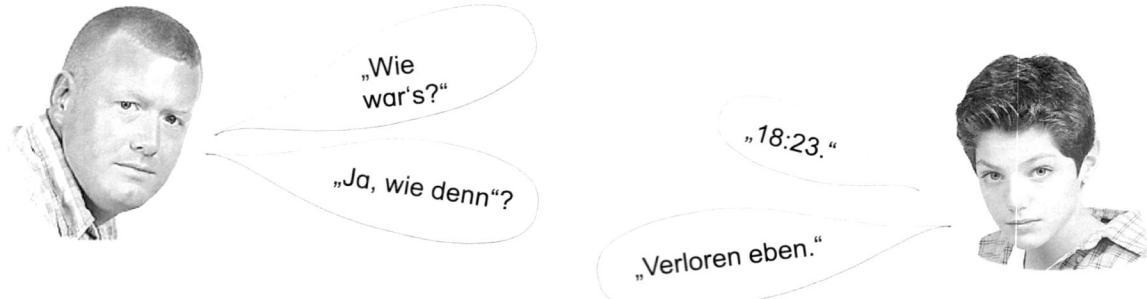

„Wie war's?"

„Ja, wie denn"?

„18:23."

„Verloren eben."

**Aufgabe 3:** a) Lies den kurzen Dialog zwischen Vater und Sohn!

b) Notiere die Fragen, die Markus hätte beantworten sollen, um seinen Vater zufrieden zu stellen!

c) Jetzt bist du dran! Schreibe deinen eigenen Spielbericht! Überlege zuvor:

- Wann hast du zum letzten Mal in einer Basketballmannschaft gespielt?
- Wie war das Ergebnis?
- Auf welcher Position hast du gespielt?
- Warst du mit deiner Leistung zufrieden?
- Wie viele Punkte hast du erzielt?

# 7 Auf die Einzelheiten achten

## Ein Stundenbericht

 **Aufgabe 4:** Stell dir vor, dein Freund liegt im Krankenhaus. Du möchtest ihn auf dem Laufenden halten und ihn regelmäßig über den Unterricht informieren.

a) Lies den folgenden Infokasten aufmerksam.

> **Bericht über eine Unterrichtsstunde**
>
> Wenn du über eine Unterrichtsstunde berichten willst, baust du deinen Bericht am besten so auf:
>
> - Nenne das <u>Thema der Stunde</u>. Sage, um was es insgesamt ging. Bei der Formulierung solltest du dich darum bemühen, so allgemein zu bleiben, dass alles im genannten Thema enthalten ist, aber auch so konkret, dass der Leser mit der Information etwas anfangen kann.
>
>   *Beispiel:* „Rechtschreibung" ist zu allgemein. „Schreibung des Wortes Schluss" ist zu konkret. Richtig wäre: „Schreibung der S-Laute, insbesondere nach kurzem Vokal."
>
> - Berichte von den <u>einzelnen Arbeitsschritten in zeitlicher Reihenfolge</u>. Nenne zuerst die Frage, um die es jeweils ging, und stelle dann die Antwort dar, die gefunden wurde.
>
> - Fasse am Schluss das <u>Ergebnis</u> zusammen.

b) Sammle zu der letzten _____-Stunde Stichworte.

_____
_____
_____
_____
_____
_____

*Seite 43*

# 7 Auf die Einzelheiten achten

**Aufgabe 5:** *Formuliere in kurzen Sätzen einige Notizen zu deinen Stichworten.*

---

Um was ging es in der Stunde?

_____
_____
_____

Welche Fragen haben sich ergeben bzw. wurden gestellt?

_____
_____
_____
_____

Welche Antworten habt ihr gefunden?

_____
_____
_____
_____

Was wurde an der Tafel bzw. im Heft/Ordner als Ergebnis festgehalten?

_____
_____
_____
_____

---

### Anfertigen eines Berichtes

Wenn man von einem Geschehen berichten möchte, so stellt man zunächst knapp die Gesamtsituation und die entscheidenden Umstände dar.

Ehe man den Text ausformuliert, sollte man
- die einzelnen Geschehensteile in Stichpunkten notieren;
- die Stichpunkte auf Vollständigkeit hin überprüfen;
- die Stichpunkte entsprechend der zeitlichen Reihenfolge des Geschehens ordnen.

**Aufgabe 6:** *Fertige aus deinen Stichworten und Notizen einen vollständigen Stundenbericht über die letzte _____-Stunde an. Schreibe in dein Heft/in deinen Ordner.*

# 8 Die Sachlichkeit macht's

**Informationen für den Lehrer**

Die Problematik des Verzichts auf Bewertungen ist schon früher angeklungen, nun soll sie in den Mittelpunkt rücken. Man kann hier mit Berichten, wie sie typisch für bestimmte Printmedien sind, einsteigen. Hier wurde ein eigener Text gewählt, der – zugegeben – leicht erkennbare Mängel enthält.

Dennoch: Den Ausflug in die Welt der Zeitung sollte man sich hier unbedingt gönnen, um dort das hier Gelernte „anzuwenden"! Diese Regeln können anhand eines typischen Boulevardblattes auch gemeinsam erarbeitet werden.

---

**Sachlichkeit im Bericht**

Ein Bericht soll nicht unterhalten, sondern sachlich informieren. Der Leser soll sich aufgrund des Berichts selbst ein Urteil bilden können, sofern er das für nötig hält. Um dies zu ermöglichen, sollte man deshalb

- alles vermeiden, was Spannung erzeugen könnte;
- keine Bewertungen oder Urteile einfließen lassen;
- Vermutungen und Stellungnahmen vermeiden;
- Die eigene Meinung zurückhalten oder zumindest als solche erkennbar machen.

---

Es eignen sich auch Sätze, die man z.B. an die Tafel schreiben kann oder mit dem Overheadprojektor angibt, die aus Zeitungsberichten stammen, aber offensichtlich die obigen Mängel aufweisen. So beispielsweise:

- Als ich mir den <u>Typen</u> so ansah, mit seinen Tätowierungen, <u>da war mir schon klar</u>, dass der ein <u>Schläger ist</u>.
  → *Bewertung / Urteil / eigene Meinung*

- Das Auto raste <u>mit einem Affenzahn</u> auf den Bürgersteig zu.
  → *Bewertung / Vermutung*

- <u>Ich meine, das geht doch nicht,</u> einfach eine zwei Meter hohe Mauer zum Nachbargrundstück zu bauen, da sehen die Nachbarn ja gar nichts mehr.
  → *Stellungnahme / eigene Meinung*

- <u>Mit großer Kaltblütigkeit schlich sich</u> der Dieb an die schlafende Frau heran und drückte ihr das mit Äther getränkte Tuch ins Gesicht. Nun konnte er in aller Ruhe die Wohnung ausräumen.
  → *Spannung*

---

<u>Das achte Kapitel dauert 2 Unterrichtsstunden</u>

Seite 46    1. Unterrichtsstunde
Seite 47    2. Unterrichtsstunde

Diese Einteilung gilt nur als Richtwert, da die tatsächliche Unterrichtszeit von der Individualität Ihrer Schüler und deren eigenem Lerntempo abhängt. Die einzelnen Kopiervorlagen müssen nicht immer vollständig erarbeitet werden, um einen Lernerfolg zu erzielen.

## 8  Die Sachlichkeit macht's

In einigen sogenannten Zeitungen, hier sind die Boulevardblätter gemeint, sind Berichte meist nicht sehr sachlich formuliert. Der Verfasser bezieht oft Stellung oder versucht seine Leser dahingehend zu beeinflussen, dass sie eine bestimmte Meinung zu einem Thema einnehmen. Oft lesen sich einige dieser Zeitungsberichte wie spannende Krimis oder sie schweifen in Vermutungen ab. Was macht es da schon, dass die Tatsachen um einige Kleinigkeiten erweitert oder etwas mehr die Wahrheit gedehnt wurde?

Richtig – es macht eine ganze Menge! Denn das ist <u>kein</u> Bericht! Ein Bericht soll nicht unterhalten, er soll informieren.

**Aufgabe 1:** *Lies den folgenden Infokasten aufmerksam.*

### Sachlichkeit im Bericht

Ein Bericht soll nicht unterhalten, sondern sachlich informieren. Der Leser soll sich aufgrund des Berichts selbst ein Urteil bilden können, sofern er das für nötig hält. Um dies zu ermöglichen, sollte man deshalb

- alles vermeiden, was Spannung erzeugen könnte;
- keine Bewertungen oder Urteile einfließen lassen;
- Vermutungen und Stellungnahmen vermeiden;
- Die eigene Meinung zurückhalten oder zumindest als solche erkennbar machen.

**Aufgabe 2:** *Schreibe nochmals in Stichworten auf, was in einem sachlichen Bericht nichts verloren hat.*

- _____
- _____
- _____
- _____
- _____
- _____

**Aufgabe 3:** *Fülle die Lücken im Merksatz.*

Ein Bericht soll nicht _____, sondern _____.

Seite 46

# 8  Die Sachlichkeit macht's

 **Aufgabe 4:** a) *Lest den folgenden Artikel aus einer Schülerzeitung!*

### 6a nicht zu schlagen

Das war eine ganz erbärmliche Holzerei, was die Mannschaft der 7b da anzettelte. Dabei begann das Klassenspiel 7b – 6a noch recht friedlich. Bei strahlendem Sonnenschein hatte die 6a Anstoß und war schnell und geschickt in den gegnerischen Strafraum vorgedrungen. Der plumpe Verteidiger der 7b aber knöpfte sich gleich unseren Stürmer vor und rempelte ihn unfair. Das hat dann die Pfeife von Schiedsrichter glatt übersehen. So kam die 7b unverdient in Ballbesitz und erzielte prompt ihren ersten Treffer, als ihre Sturmspitze mehr zufällig über den Ball stolperte und dabei unseren Torwart, der ohnehin nicht seinen besten Tag hatte, so irritierte, dass er verblüfft daneben griff und nur noch dumm dreinschauen konnte. Nach dem erneuten Anstoß ergab sich dasselbe Bild: Unsere Sturmspitzen drangen gekonnt in den gegnerischen Strafraum vor, wurden übel gefoult, der Schiedsrichter spielte „Blinde Kuh" und pfiff den todsicheren Elfmeter nicht, die hinterlistigen Verteidiger droschen den Ball nach vorn, unsere Flasche im Tor griff daneben und schon stand es 2:0 für den Gegner. So ging es dann auch in die Pause. In der zweiten Halbzeit wurde unser Torwart ausgetauscht, und auch der halbblinde Schiedsrichter wurde ersetzt. So fiel dann schon bald der hoch verdiente Anschlusstreffer und trotz heftiger Gegenwehr auch der Ausgleich. Als dann Paul, unser bester Mann, nach einem sehenswerten Dribbling über den halben Platz sieben Gegner elegant umkurvte und mit einem beherzten Schuss aus 16 Metern Entfernung das Führungstor erzielte, war die Welt wieder in Ordnung. Die Stürmer der 7b waren völlig entnervt und kamen nicht mehr richtig zum Zug. Da auch die Abwehr außer einigen groben Fouls nichts mehr zu bieten hatte, kamen wir noch zu zwei weiteren Toren. Die Sieg war uns nicht mehr zu nehmen.

b) *Stellt euch vor, ihr seid als Redakteure verantwortlich für die Schülerzeitung und nun erhaltet ihr diesen Text. Der Text ist nicht sachlich formuliert. Unterstreicht die Stellen mit Lineal, an denen bewertet, beurteilt oder gar beschimpft bzw. beleidigt wird. Vergleicht zunächst untereinander und anschließend mit der vorgegebenen Lösung hinter der Knicklinie. Nicht schummeln!*

 c) *Schreibt den Text so um, dass ein Bericht daraus wird, dass also nur noch sachlich berichtet wird! Schreibt ins Heft!*

 **Aufgabe 5:** *Erstelle selbst einen sachlichen Bericht von einem sportlichen Ereignis.*

*Seite 47*

# 9 Die zeitliche Reihenfolge darstellen

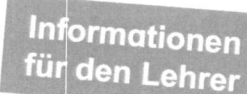
Informationen für den Lehrer

Wir haben zwar schon festgehalten, dass man die Einzelschritte eines Vorgangs/Ablaufs/ Geschehens in der zeitlichen Reihenfolge des Geschehens anordnet, wie man das aber sprachlich zum Ausdruck bringen soll, wurde noch nicht behandelt. Natürlich kennen die Schüler den „Normalfall": Das sprachliche Nacheinander signalisiert auch ein Nacheinander des dargestellten Geschehens. Aber das ist nicht immer so ganz einfach, deshalb sollten – auch wenn man sich nicht auf die Temporalsätze einlassen will – die sprachlichen Möglichkeiten des Darstellens behandelt werden.

Da in Zeitungstexten die Darstellungsreihenfolge oft nicht der Geschehensabfolge entspricht, eignen sie sich besonders gut für erste Untersuchungen.

Der Unterrichtsschritt kann mit mit einem lustigen Artikel: „Letzte Rettung: Glockengeläut" beginnen.

---

**So kann man zeitliche Zusammenhänge darstellen:**

**I.** Das zeitliche Verhältnis zwischen zwei Vorgängen kann man auf verschiedene Weise darstellen:

1. Hauptsatz – Hauptsatz – Verbindung
   Beispiel: *Wir schossen das zweite Tor. Danach verflachte das Spiel.*

2. Hauptsatz – Gliedsatz – Verbindung
   Beispiel: *Nachdem er das Spiel beendet hatte, ging er nach Hause.*

3. Präpositional Wendung
   Beispiel: *Nach dem Spiel ging er nach Hause.*

**II.** Das zeitliche Verhältnis zwischen zwei nacheinander ablaufenden Vorgängen kann man verschieden sehen und darstellen:

1. Sieht man es vom ersten Vorgang aus, dann erscheint der zweite Vorgang „nachzeitig".
   Beispiel: *Ich spiele zuerst. Danach lerne ich Vokabeln.*

2. Sieht man es vom zweiten Vorgang aus, so erscheint das erste Geschehen als „vorzeitig".
   Beispiel: *Ich gehe spazieren. Zuvor aber muss ich noch etwas erledigen.*

---

Diesen Infokasten kann man auch den Schülern zur Verfügung stellen.

Das achte Kapitel dauert 2 Unterrichtsstunden

Seite 49     1. Unterrichtsstunde
Seiten 50/51     2. Unterrichtsstunde

Diese Einteilung gilt nur als Richtwert, da die tatsächliche Unterrichtszeit von der Individualität Ihrer Schüler und deren eigenem Lerntempo abhängt. Die einzelnen Kopiervorlagen müssen nicht immer vollständig erarbeitet werden, um einen Lernerfolg zu erzielen.

# 9 Die zeitliche Reihenfolge darstellen

**Aufgabe 1:** a) *Lies den folgenden Zeitungsartikel!*

---

**Organistin in Kirche gesperrt**

(ape) Vergangenen Mittwochabend läuteten in einem Kölner Vorort die Kirchenglocken zu einer ungewöhnlichen Zeit. Eine junge Organistin probte in den Abendstunden kurz nach 23.00 Uhr. Als sie diese Kirche anschließend wieder verlassen wollte, merkte sie, dass keiner der ihr zur Verfügung gestellten Schlüssel auf die Schlösser passte. Erst durch lautes Glockengeläut konnte sie auf ihre missliche Lage aufmerksam machen und der Pfarrer befreite sie schließlich.

---

b) *Unterstreiche die Wörter, die über die zeitlichen Zusammenhänge bzw. über den zeitlichen Ablauf informieren!*

c) *Schneide die Kästchen unten aus und klebe sie in die richtige Reihenfolge, in der die einzelnen Dinge passiert sind.*

d) *Formuliere zu jedem Teilgeschehen einen Satz. Schreibe die Sätze untereinander neben die Kästchen.*

 e) *Verfasse den Bericht in der richtigen zeitlichen Reihenfolge in dein Heft/in deinen Ordner.*

- Schlüssel passte nirgends
- junge Organistin probte bis kurz nach 23 Uhr in der Kirche
- Pfarrer schloss die Kirche ab und ging weg
- Pfarrer befreite die Musikerin
- Organistin mochte in der Kirche üben
- Schlüsselübergabe
- Kirchenglocken läuteten
- Organistin wollte die Kirche verlassen
- alle Türen verschlossen

# 9 Die zeitliche Reihenfolge darstellen

## Glasbruch

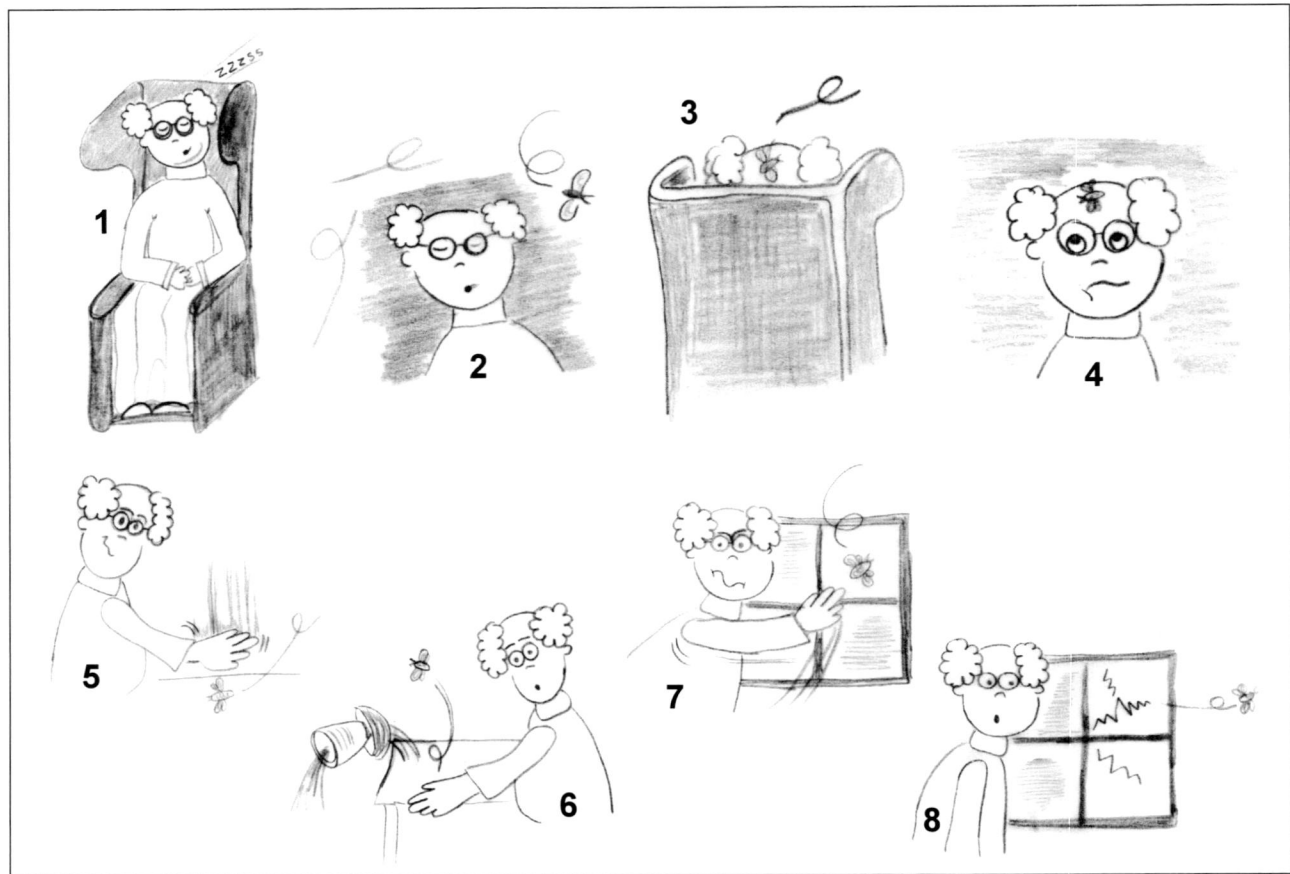

**Aufgabe 2:** *Stell dir vor, du hast den ganzen Vorgang beobachtet und sollst nun deiner Mutter davon berichten. Formuliere zu jedem Bild einen Satz, der den jeweiligen Teilvorgang festhält!*

1. _____
2. _____
3. _____
4. _____
5. _____
6. _____
7. _____
8. _____

*Seite 50*

# 9 Die zeitliche Reihenfolge darstellen

**Aufgabe 3:** *Formuliere die zeitlichen Zusammenhänge zwischen den Sätzen aus! Verwende die Konjunktionen **davor**, **zuvor**, **dadurch** und **dann**!*

**Aufgabe 4:** *Schreibe einen Bericht für die Glasbruchversicherung! Der folgende Info-Kasten wird dir dabei helfen.*

### Aufbau eines Berichtes

1. Nenne zunächst die Beteiligten und den Anlass.
2. Beschreibe den Anfang. (Wie ging das Ganze los? Wer fing an?)
3. Stelle die weitere Entwicklung schrittweise dar. Achte darauf, dass du die zeitliche Reihenfolge einhältst. Stelle die zeitlichen Zusammenhänge dort dar, wo es Unklarheiten geben könnte.
4. Sage, wie das Ganze endete.

Seite 51

# 10 Zusammenhänge zwischen Teilvorgängen und Teilhandlungen

**Informationen für den Lehrer**

In diesem Kapitel beschäftigen wir uns mit einzelnen Formen von Zusammenhängen zwischen Teilvorgängen.

Dabei geht es vor allem darum klarzustellen, dass im Bericht auf die Darstellung von finalen (Zwecke von Handlungen) oder kausalen (den Grund angebenden) Zusammenhängen verzichtet werden sollte, da in diesen Fällen immer schon persönliche Einschätzungen einfließen.

Als Einstieg dient der kurze Dialog von *Seite 53*. Bruno behauptet, dass er mit Absicht geschubst wurde. (2.) Um zu sagen, dass keine Absicht vorliege, müsste er auf „damit" verzichten. Etwa so: Ich bin hingefallen. Justin hat mich geschubst.

Es geht in diesem Schritt darum, den Schülern klarzumachen, dass durch die Formulierung von Finalsätzen (Damit-Sätzen) dem jeweils Handelnden eine Absicht unterstellt wird.

Als „Regel" wird man festhalten:

> Im Bericht sollte man auf die Darstellung von Absichten verzichten („Damit-Sätze"), es sei denn, man ist Zeuge einer „Absichtserklärung" geworden.

Das bedeutet, dass der „Täter" ganz gezielt seine Absicht gesagt hat, so beispielsweise: „Den bringe ich um!" oder „Dem Angeber werde ich seine Reifen zerstechen!"

Auf die Darstellung kausaler Zusammenhänge sollte im Bericht weitgehend verzichtet werden. Die Herstellung solcher Zusammenhänge sollte dem Beurteilenden überlassen werden. Oft können wir die Gründe nur vermuten. Selbst wenn wir sicher sind sie zu kennen, haben sie im Bericht nichts verloren.

---

Das neunte Kapitel dauert 2 Unterrichtsstunden

Seiten 53/54    1. Unterrichtsstunde
Seiten 54/55    2. Unterrichtsstunde

Diese Einteilung gilt nur als Richtwert, da die tatsächliche Unterrichtszeit von der Individualität Ihrer Schüler und deren eigenem Lerntempo abhängt. Die einzelnen Kopiervorlagen müssen nicht immer vollständig erarbeitet werden, um einen Lernerfolg zu erzielen.

# 10 Zusammenhänge zwischen Teilvorgängen und Teilhandlungen

## Gibt es Zusammenhänge? Oder nicht?

> Nach der Pause kommt Bruno zur Lehrerin.
> „Justin hat mich geschubst, damit ich hinfalle."
> Justin wehrt sich: „Das stimmt nicht, ich hab das nicht mit Absicht gemacht!"
> Bruno: „Das hab ich ja auch nicht behauptet. Hast du mich geschubst?"
> Justin: „Ja, schon, ich wurde selbst von hinten gedrängt."
> Bruno: „Eben. Und dann hast du mich geschubst, damit ich…"

**Aufgabe 1:**  a) Lest das kurze Gespräch mit verteilten Rollen!

b) Stellt fest, was Bruno behauptet!

Bruno behauptet, dass ✏ _____.

c) Wie müsste er es formulieren, wenn er Justin keine Absicht unterstellen will?

✏ _____

**Aufgabe 2:**  Auch in den folgenden Fällen werden Absichten unterstellt. Formuliert die Beispiele so um, dass nicht mehr behauptet wird, es habe eine Absicht vorgelegen!

a) Karen schob ihr Blatt in die Mitte, damit Susi besser abschreiben konnte.

_____

b) Mehmet ging immer langsamer, damit sich der Abstand zu den übrigen vergrößerte.

_____

c) Carolin schob ihr Buch ganz an den Rand, damit es bei der nächsten Berührung zu Boden fiel.

_____

# 10 Zusammenhänge zwischen Teilvorgängen und Teilhandlungen

**Aufgabe 3:** *Bildet weitere Beispiele, in denen es zu missverständlichen Behauptungen kommen kann! Formuliert dann eure Beispiele um!*

| | |
|---|---|
| Missverständlich: | Max schoss den Ball, damit die Fensterscheibe zerbrach. |
| Besser: | Max schoss den Ball und die Fensterscheibe zerbrach. |

Missverständlich: _____

_____

Besser: _____

_____

Missverständlich: _____

_____

Besser: _____

_____

Missverständlich: _____

_____

Besser: _____

_____

Missverständlich: _____

_____

Besser: _____

_____

# 10 Zusammenhänge zwischen Teilvorgängen und Teilhandlungen

**Aufgabe 4:** a) *Wie ist die Formulierung in den folgenden Beispielen? Lest aufmerksam!*

> A   Eric rannte auf die Straße und wurde von dem Golf angefahren, da dessen Fahrer zu schnell fuhr und nicht mehr bremsen konnte.
>
> B   Hannah hatte mal wieder ihre Hausaufgaben nicht dabei, da sie immer sehr schusselig ist.
>
> C   Vanessa stolperte und fiel hin, weil ihr Bruder den Ast auf den Weg gelegt hatte.
>
> D   Manuel hatte einen platten Reifen am Fahrrad, da Eric eine Schachtel Nägel fallengelassen hatte.

b) *Überlegt, was in den „Da-Sätzen" bzw. in den „Weil-Sätzen" behauptet wird!*

A _____

B _____

C _____

D _____

c) *Aus welchem Grund sollte man solche Behauptungen im Bericht unbedingt vermeiden?*

_____

# 11 Berichten von etwas, das jemand anders gesagt hat

**Hinweis:**

Der folgende Schritt kann als einfache „Übung" durchgeführt werden. Er ist aber auch geeignet, ein eigenes Thema zu behandeln: Die Wiedergabe der wörtlichen Rede.

Der Bericht von *Seite 57* sollte mindestens enthalten:

<u>Vorgeschichte:</u> Der Neue und sein Auftreten.
<u>Anlass des Streits:</u> Der Neue gibt auf Toms herausfordernde Fragen freche Antworten.
<u>Anfang des Streits:</u> Aus der mündlichen Auseinandersetzung wird eine handgreifliche Auseinandersetzung.
<u>Streit und sein Ende:</u> Balgerei und Sieg Toms.

Diese Geschichte eignet sich hervorragend zum Üben der wörtlichen Rede. Dies kann man folgendermaßen:

---

**Über etwas Gesprochenes berichten:**

Wenn man über etwas berichtet, was ein anderer gesagt hat, so macht man das in indirekter Rede.
Wörtliche Rede: Tom: „Du traust dich ja nicht!"
Indirekte Rede: Tom sagte zu dem Neuen, er traue sich nicht.
In der indirekten Rede stehen die Verben im Konjunktiv I (Zeichen der Übermittlung). Kann man den Konjunktiv I nicht vom Indikativ unterscheiden, so verwendet man den Konjunktiv II.

Wörtliche Rede: Der Neue: „Wir können uns ja prügeln!"
Indirekte Rede: Der Neue sagte, sie könnten sich ja prügeln.

---

**Hinweis:**

Es könnte anschließend eine weitere Übungsphase eingeschaltet werden, in der Zeugenberichte über Geschehensabläufe geschrieben werden. Dabei sollte das folgende Vorgehen zum Standard werden:

- Geschehen beobachten.
- Geschehensteile in Stichpunkten festhalten.
- Stichpunkte in zeitlicher Reihenfolge anordnen.
- Überprüfen auf Vollständigkeit.
- Ausformulieren des Berichts, dabei auf Genauigkeit achten.
- Zeitliche Zusammenhänge ausformulieren.
- Bewertungen vermeiden.

---

<u>Das zehnte Kapitel dauert 3 Unterrichtsstunden</u>

Seiten 57/58   1. Unterrichtsstunde
Seite 59   2. Unterrichtsstunde
Seite 60   3. Unterrichtsstunde

Diese Einteilung gilt nur als Richtwert, da die tatsächliche Unterrichtszeit von der Individualität Ihrer Schüler und deren eigenem Lerntempo abhängt. Die einzelnen Kopiervorlagen müssen nicht immer vollständig erarbeitet werden, um einen Lernerfolg zu erzielen.

*Seite 56*

# 11 Berichten von etwas, das jemand anders gesagt hat

## Direkte/Indirekte Rede

**Aufgabe 1:**  *Lies den folgenden Text sehr aufmerksam!*

### Tom und der Neue

Plötzlich hörte Tom auf zu pfeifen. Ein Fremder stand vor ihm, ein Bursche, kaum größer als er selbst. Eine neue Bekanntschaft, einerlei, welchen Alters und Geschlechts, war in dem armseligen, kleinen St. Petersburg schon ein Ereignis. Dieser Bursche war gut gekleidet – zu gut für einen Werktag. Sonderbar. Seine Mütze war zierlich, seine eng anliegende blaue Jacke neu und sauber, ebenso seine Hose. Er hatte Schuhe an, und es war erst Freitag! Er hatte sogar ein Halstuch umgeschlungen, ein wahres Monstrum von einem Tuch. Überhaupt hatte er etwas an sich, was den Naturmenschen in Tom herausforderte. Je mehr Tom das neue Weltwunder anstarrte, umso mehr rümpfte er die Nase über solche Geziertheit, und sein eigenes Äußeres erschien ihm immer schäbiger. Beide schwiegen. Wollte einer ausweichen, wollte auch der andere ausweichen, natürlich nach derselben Seite. So schauten sie einander lange und herausfordernd in die Augen. Endlich sagte Tom: „Soll ich dich verprügeln?"

„Das möchte ich doch erst einmal sehen!"
„Kannste gleich sehen!"
„Du kannst es ja gar nicht!"
„Klar kann ich's!"
„Puh!"
„Klar kann ich's!"
„Aufschneider!"
„Ich kann's!"
Eine ungemütliche Pause. Darauf wieder Tom: „Wie heißt du denn?"
„Das geht dich 'nen Schmarren an!"
„Ich werd' dir schon zeigen, dass mich's was angeht!"
„Na zeig's doch!"
„Wenn du noch viel redest, mach ich kurzen Prozess mit dir!"
„Viel – viel – viel, so, nu tu's!"
„Aber du glaubst wohl, du bist was Besonderes? Wenn ich nur wollte, könnte ich dich mit einer Hand umhauen!"
„Na, warum tust du's nicht? Du redest nur immer!"
„Wenn du frech wirst, tu ich's!"
„Puh – das kann ja jeder sagen!"
„Du bist wohl was recht's, du Windhund!"
„Selber Windhund!"
„Was du für einen blöden Hut aufhast!"
„Wenn er dir nicht gefällt, kannst du ihn ja runterschlagen! Aber dann setzt es Ohrfeigen!"
„Großmaul!"
„Prahlhans, du bist ja zu feig'!"
„Mach' dass du weiterkommst!"
„Du, wenn du noch lange Quatsch redest, schmeiß ich dir 'nen Stein an den Kopf!"

# 11 Berichten von etwas, das jemand anders gesagt hat

„Na tu's doch!"
„Ich tu's auch!"
„Warum tust du's denn nicht? Du redest ja immer nur. Tu's doch mal! Du bist ja zu feige!"
„Ich bin nicht feige!"
„Natürlich bist du feige!"
„Nicht wahr!"
„Doch wahr!"
Wieder eine Pause. Beide starren sich an, gingen umeinander herum und beschnüffelten sich wir junge Hunde. Plötzlich standen sie in Kampfstellung Schulter an Schulter.
Tom schrie: „Scher dich fort!"
„Fällt mir gar nicht ein!"
„Fällt mir auch nicht ein!"
(…)
Tom zog mit der großen Zehe einen Strich durch den Sand und sagte:
„Komm herüber und ich hau dich zusammen!" Sofort sprang der andere hinüber und sagte herausfordernd: „So, nun tu's!"
„Mach mich ja nicht wütend, rat ich dir!"
„Mensch, du traust dich ja doch nicht!"
„Verdammt, für zwei Pennys würde ich's tun!"
Im nächsten Augenblick hatte der feine Junge ein Zweipennystück aus der Tasche geholt und hielt es Tom herausfordernd unter die Nase. Tom schlug es ihm aus der Hand. Und schon rollten beide Jungen im Straßenschmutz, ineinander verbissen wie zwei Katzen. Sie rissen an den Haaren und zerrten sich an den Kleidern, schlugen und zerkratzten sich die Nasen und bedeckten sich mit Staub und Ruhm. Plötzlich klärte sich die Situation, und aus dem Kampfgewühl tauchte Tom empor, auf dem anderen reitend und ihn mit den Fäusten bearbeitend.
„Sag: Genug!"
Der Junge setzte seine krampfhaften Bemühungen, sich zu befreien, fort und schrie vor Wut: „Sag: Genug!" Und Tom prügelte fröhlich weiter.
Schließlich stieß der andere ein halberstricktes „Genug" hervor.
Tom ließ von ihm ab und sagte: „So, nun weißt du's! Das nächst Mal siehst du dich besser vor, mit wem du anbindest!"
Der fremde Junge klopfte sich den Staub von den Kleidern, lief heulend davon und sah sich von Zeit zu Zeit um, Tom drohend, dass er ihn das nächste Mal verhauen werde, worauf Tom höhnisch lachte und seelenvergnügt nach Hause schlenderte.

*(Text aus: Mark Twain, Tom Sawyers Abenteuer; bearbeitet von Karlheinz Berger; Mark Twain, Gesammelte Werke in zehn Bänden; ausgewählt und zusammengestellt von Norbert Kohl; Insel Verlag 1985; Bank 2, Seite 14-18)*

**Aufgabe 2:** Als Tom sich zu Hause in sein Zimmer schleichen wollte, wurde er von Tante Polly erwischt. Sie wollte natürlich genau wissen, was da alles passiert war. Was wird ihr Tom alles berichtet haben? Beachte dabei diese Punkte in folgender Reihenfolge:

Vorgeschichte, Anlass des Streites, Anfang des Streites, Streitverlauf und -ende

*Verfasse einen schriftlichen Bericht! Schreibe in dein Heft/in deinen Ordner!*

# 11 Berichten von etwas, das jemand anders gesagt hat

Wie du in deinem Bericht sicher gemerkt hast, ist es wichtig, Äußerungen von bestimmten Personen in der indirekten Rede wiederzugeben. Dies kann man so:

**Über etwas Gesprochenes berichten:**

Wenn man über etwas berichtet, was ein anderer gesagt hat, so macht man das in indirekter Rede.

Wörtliche Rede: Tom: „Du traust dich ja nicht!"
Indirekte Rede: Tom sagte zu dem Neuen, er traue sich nicht.

In der indirekten Rede stehen die Verben im Konjunktiv I (Zeichen der Übermittlung). Kann man den Konjunktiv I nicht vom Indikativ unterscheiden, so verwendet man den Konjunktiv II.

Wörtliche Rede: Der Neue: „Wir können uns ja prügeln!"
Indirekte Rede: Der Neue sagte, sie könnten sich ja prügeln.

**Aufgabe 3:** Auch der Neue kam nach Hause und musste erklären, woher er seine schmutzigen Kleider hatte. Entwirf einen Dialog, in dem er seiner Mutter vom Anfang des Streits berichtet. (Nimm den Text zur Hilfe bis zu „Aufschneider".)

Tom: ... fragte, ob er mich verprügeln solle.

Ich: ... sagte, dass ich das doch erst einmal sehen wolle.

Tom: _____

Ich: _____

Tom: _____

Ich: _____

Tom: _____

Ich: _____

Tom: _____

Ich: _____

Tom: _____

Ich: _____

# 11 Berichten von etwas, das jemand anders gesagt hat

**Aufgabe 4:** Angenommen, die Eltern des Neuen wollen den Schaden ersetzt haben und laufen zum Sheriff. Der sucht nun einen Zeugen und stößt auf – dich. Verfasse einen Bericht!

- Notiere aus dem Gedächtnis Stichpunkte zum Geschehen.
- Lies den Text nochmals und ergänze deine Stichpunkte.
- Ordne deine Stichpunkte entsprechend dem zeitlichen Ablauf des Geschehens.
- Formuliere deinen Bericht.

**Aufgabe 5:** a) Nun könnte die Wiedergabe der direkten Rede untersucht werden. Unterstreiche im Text die Stellen, die zur eigentlichen Prügelei geführt haben!

b) Setze diese Stellen in die indirekte Rede.

**Aufgabe 6:** Unterstreiche auch in deinem Bericht die entsprechenden Stellen. Beide Jungen haben erst einmal ausgiebig mit Worten gestritten. Wie hast du das in deinem Bericht wiedergegeben?

| Das steht im Text. | Das steht in meinem Bericht. |
|---|---|
|  |  |

# 12 Erfolgskontrolle

 **Aufgabe 1:** a) Lies den angegebenen Text sorgfältig durch. Erstelle eine W-Fragen-Tabelle. Suche die entsprechenden Antworten heraus und trage sie in die Tabelle ein.

---

### Affengeil, oder?

In Melbourne griff im Zoo ein junger Mann das 110 Kilogramm schwere Gorillaweibchen Betsy an, sodass es zwischen ihm und dem Affen zu einer Prügelei kam. Die Sprecherin des Zoos erzählte in der Pressekonferenz:
„Der Mann drang mit dem Ruf 'Ich mach den Gorilla fertig!' in das Gehege ein. Er schlug auf Betsy ein und trat sie. Schließlich nahm er ihrem Baby ein Spielzeug weg, sodass sich Betsy zur Wehr setzte. Die anderen Affen schrieen vor Furcht. Der Wärter hörte den Lärm und beendete die Prügelei, indem er zwischen die Kämpfenden ging, sie trennte und alle Beteiligten in getrennte Käfige sperrte. Dann wurde die Polizei alarmiert, die recht bald eintraf. Der junge Mann war offensichtlich geistesgestört. Er wurde in eine Klinik zur psychiatrischen Behandlung gebracht."

---

 b) Stell dir vor, du bist der Zoowärter, der bei der Polizei einen Bericht über den Vorfall abgeben muss. Erstelle diesen Bericht. Nimm dabei alle Informationen aus der W-Fragen-Tabelle zuhilfe.

 **Aufgabe 2:**  Gestalte einen kurzen Zeitungsbericht, der von einem Einbruch in die Schwarzwaldschule handelt. Die restlichen Informationen darfst du selbst erfinden.

 **Aufgabe 3:**  Lies den folgenden Text und bringe alle Informationen in einen zeitlich richtigen Ablauf. Schreibe jeweils kurze Sätze dazu.

---

Nina und Anna schleppten alle Getränke, Speisen, Grillgeräte, Bestecke und die Beleuchtung zur Hütte.
Sie mieteten beim Forstamt eine Grillhütte.
Am PC erstellten sie eine poppige Einladungskarte.
Sie wollten zu ihrem 18. Geburtstag eine große Fete starten.
Gedankenverloren kramte Nina noch einmal die Einladungskarte heraus.
Wir Schussel haben für den 19. eingeladen.
Alle sollten um 19 Uhr da sein. Sie könnten sich schon ein Schlückchen Sekt.
Ein Aufschrei – der Ohnmacht nahe konnte sie nur noch stammeln.

# 12 Erfolgskontrolle

**Aufgabe 4:** a) *Warum ist Sachlichkeit in einem Bericht besonders wichtig?*

- _____
- _____
- _____
- _____
- _____
- _____

b) *Erkläre mit deinen eigenen Worten, was nicht in einen Zeugenbericht hineingehört.*

_____
_____
_____
_____

**Aufgabe 5:** *Du berichtest deiner Mutter vom Streit mit deinem Bruder. Lies die unten stehenden Angaben genau und formuliere entsprechend.*

„Was hattest du in meinem Zimmer zu suchen?"

„Was willst du denn?"

„Warum zickst du schon wieder so rum?"

„Was heißt hier, ich zicke?"

„Da steht doch noch meine Zimmertür offen!"

„Na und? Du willst ja nur nicht, dass jemand weiß, dass du die Lampe im Wohnzimmer zerbrochen hast!"

„Du hast meine Tagebücher gelesen! Du bist ein Schuft, das sage ich Mama!"

**12** Erfolgskontrolle

## Bewertungsbogen für einen Bericht

| Beantwortung der „W-Fragen" | volle Punktzahl (50 Punkte) | erreichte Punktzahl |
|---|---|---|
| Was geschah? | 3 | |
| Wer war beteiligt? | 3 | |
| Wie geschah es? | 3 | |
| Wann geschah es? | 3 | |
| Wo geschah es? | 3 | |
| **Der Ablauf** | | |
| Einzelschritte des Ablaufs | 3 | |
| Zeitliche Abfolge der Einzelschritte | 3 | |
| Genaues Erfassen der wichtigen Umstände | 4 | |
| **Die Darstellung** | | |
| Darstellung der Reihenfolge/des zeitlichen Ablaufs | 5 | |
| Genaue Bezeichnung der Vorgänge *(treffende Verben)* | 3 | |
| Genauere Ausführungen zu den Vorgängen | 5 | |
| Darstellen der Umstände *(Orts-/Zeitangabe)* | 3 | |
| Verzicht auf Vermutungen | 2 | |
| Verzicht auf Bewertungen | 3 | |
| „Perspektivenverstöße" | 2 | |
| Verzicht auf Behauptungen *(Absicht, Grund)* | 2 | |
| Gesamtpunkte: | 50 | |

# 13  Die Lösungen

**1**  Aufgabe 1:   a) Individuelle Lösungen.
   b) Bild 1: Mutter bringt ihre Tochter morgens zur Schule. Mutter und Kind winken sich zum Abschied zu. Vor der Schultür ist ein Zebrastreifen. Vor dem Zebrastreifen parkt das Auto der Mutter.
   Bild 2: Ein zweites Auto fährt heran. Das Kind wird vom Auto angefahren und liegt verletzt auf dem Zebrastreifen. Die Lehrerin steht entsetzt an der Tür.
   Bild 3: Ein Krankenwagen transportiert das Kind ab.

Aufgabe 2:   Ich bin Lehrerin an der Schule in Brettfeld. Am besagten Morgen stand ich in der Eingangstür und konnte so den Unfall, der sich auf dem Zebrastreifen ereignete, aus nächster Nähe genau beobachten. Das Kind wurde von seiner Mutter zur Schule gebracht und winkte zum Abschied seiner Mutter noch einmal zu. Dabei stand es auf dem Zebrastreifen. In diesem Moment kam ein Auto angefahren und konnte nicht mehr rechtzeitig bremsen. Das Kind wurde von dem Auto erfasst und blieb verletzt auf dem Zebrastreifen liegen. Ich rief dann sofort den Rettungsdienst an und das Mädchen wurde bald danach mit dem Krankenwagen zum stationären Aufenthalt in die Klinik gebracht.

Aufgabe 4:

|  | Zeugenbericht | Zeitungsnachricht |
|---|---|---|
| Beteiligte | Kind<br>Mutter<br>PKW-Fahrer | Kinder<br>Mutter<br>PKW-Fahrer<br>.... |
| Teilvorgänge | 1. PKW steht vor dem Zebrastreifen<br>2. Mutter steht vor der Wagentür<br>3. Mutter und Tochter winken zum Abschied<br>4. Lehrerin steht in der Schultür<br>5. zweiter PKW fährt heran<br>6. Kind wird vom PKW angefahren<br>7. Kind liegt verletzt auf dem Zebrastreifen<br>8. Rettungswagen wird gerufen<br>8. Kind wird im Rettungswagen abtransportiert | 5. Ein PKW-Fahrer konnte vor einem Zebrastreifen nicht mehr rechtzeitig bremsen ...<br>6. ... und erfasst ein Kind, ...<br>3. ... das seiner Mutter auf dem Zebrastreifen stehend zum Abschied zuwinkt.<br>7. Das Kind liegt verletzt auf dem Zebrastreifen.<br>8. Ein Rettungswagen wird gerufen.<br>9. Das Kind wird in das Städtische Krankenhaus gefahren, wo es stationär behandelt wird. |
| Anordnung der Informationen, benutze die Nummern. | 1, 2, 3, 4, 5, 6, 7, 8, 9 | 5, 6, 3, 7, 8, 9 |
| Weitere Unterschiede |  | Es fehlen die Informationen 1, 2 und 4. |

Aufgabe 6:   a) VENI - VIDI - VICI = Ich kam - ich sah - ich siegte.
   b) Caesar kam. Er sah und er siegte.
   c) Caesar, der berühmte Feldherr, ist auf einem Feldzug gegen den König von Ponthus. Es war im Jahr 47 v. Chr., als Caesar nahe der Stadt Zela auf seinen Gegner traf. Der Feind wurde in einer kurzen, entscheidenden Schlacht besiegt. Das römische Heer schlug die gegnerische Armee vernichtend. Caesar hatte wieder einmal gesiegt. Seine inhaltsreiche Botschaft an den römischen Senat lautete kurz und bündig: VENI - VIDI - VICI. Ich kam, sah und siegte. Er wollte damit klarmachen, dass er den Gegner in ganz kurzer Zeit vernichtend geschlagen hatte; ohne große Gegenwehr und fast ohne eigene Verluste.

Aufgabe 7:   a) Eine Nachricht ist eine kurze Mitteilung über ein Ereignis. Sie informiert über wichtige Einzelheiten.
   b) In eine Nachricht gehören die Antworten auf folgende W-Fragen: Was geschah? Wer war beteiligt? Wie geschah es? Wann geschah es? Wo geschah es?

Aufgabe 8:   Individuelle Lösungen.

**2**  Aufgabe 1:   b) <u>Landfahrerin verhaftet</u>: In diesem Text steht die junge Landfahrerin im Mittelpunkt, die als Ladendiebin gefasst wird.
   <u>Landfahrerin ertappt</u>: In diesem Text steht der Geschäftsmann im Mittelpunkt, der die Landfahrerin beim Diebstahl ertappte.
   c) Im Mittelpunkt des Textes sollte eigentlich der Diebstahl stehen.

Aufgabe 2:   a) jugendliche Landfahrerin = Text 1
   hiesiger Geschäftsmann = Text 2
   b) Text 1: Bekleidungsgeschäft – 2 Rollis entwenden – konnten vom Geschädigten sichergestellt werden – Landfahrerin der Kriminalpolizei übergeben – gehört zu einer Sippe auf der Durchreise
   Text 2: 2 Rollkragenpullover sicherstellen – jugendliche Landfahrerin ertappt – wollte Kleidungsstücke stehlen

*Seite 64*

# 13 Die Lösungen

**2** Aufgabe 3: a)

|  | Text 1 | Text 2 |
|---|---|---|
| **Was geschah?** | Landfahrerin verhaftet | Landfahrerin ertappt |
| **Wer war beteiligt?** | jugendliche Landfahrerin, Geschädigter, Kriminalpolizei, Sippe | hiesiger Geschäftsmann, jugendliche Landfahrerin |
| **Wie geschah es?** | Landfahrerin will zwei Rollis entwenden - Rollis werden vom Geschädigten sichergestellt - Landfahrerin der Kriminalpolizei übergeben | Hiesiger Geschäftsmann konnte zwei Rollkragenpullover sicherstellen - Landfahrerin beim Stehlen ertappt |
| **Wann geschah es?** | keine Angaben | keine Angaben |
| **Wo geschah es?** | Bekleidungsgeschäft in Erbach | Geschäft in Erbach |

b) **Was geschah?** Bei einem Diebstahl von zwei Rollkragenpullovern wurde eine noch jugendliche Landfahrerin von einem hiesigen Geschäftsmann in einem Bekleidungsgeschäft in Erbach erwischt.
**Wer war beteiligt?** Nachdem die Landfahrerin vom Geschäftsmann am Diebstahl gehindert werden konnte, wurde sie der Kriminalpolizei übergeben.
**Wie geschah es?** Siehe oben.
**Wann geschah es?** Keine Angabe.
**Wo geschah es?** Es geschah in einem Bekleidungsgeschäft in Erbach.

**Diebstahl verhindert**
Bei einem Diebstahl von zwei Rollkragenpullovern wurde eine noch jugendliche Landfahrerin von einem hiesigen Geschäftsmann in einem Bekleidungsgeschäft in Erbach erwischt. Nachdem die Landfahrerin vom Geschäftsmann am Diebstahl gehindert werden konnte, wurde sie der Kriminalpolizei übergeben. Sie befand sich zur Zeit mit ihrer Sippe auf der Durchreise.

Aufgabe 4:

| Was geschah? | Durch sein Gebell bewahrte ein Hund fünf Menschen vor dem sicheren Flammentod. | Dem beherzten Einsatz des 2. Löschzuges der Berufsfeuerwehr verdankt ein Kätzchen sein Leben oder zumindest seine Gesundheit. | Eine Bande jugendlicher Kaufhausdiebe wurde gestern im großen Kaufhaus ertappt und festgenommen. |
|---|---|---|---|
| Wer war beteiligt? | ein Hund, fünf Bewohner eines Hauses, die Feuerwehr | der zweite Löschzug der Berufsfeuerwehr, Passanten, ein Kätzchen | eine Bande jugendlicher Kaufhausdiebe, ein Kaufhausdetektiv, die Polizei, Verkäufer |
| Wie geschah es? | Durch sein Gebell hat ein Hund fünf Menschen vor dem sicheren Flammentod bewahrt. | Der beherzte Einsatz der Berufsfeuerwehr rettete das Kätzchen. | Dem Kaufhausdetektiv fiel eine Bande jugendlicher Kaufhausdiebe auf. |
| Wann geschah es? | Es geschah gestern Morgen. | Keine Angabe. | Es geschah gestern. |
| Wo geschah es? | Es geschah im zweiten Stock eines in Flammen stehenden Hauses in Bad Kissingen. | Auf der obersten Krone einer der mächtigen Platanen im Domgarten in Dammberg. | Im großen Kaufhaus in der Fachabteilung für elektronische Kleingeräte in Dornstadt. |

Aufgabe 6:
a) **Brand in einem Wohnhaus**
Gestern Morgen stand ein Haus in Bad Kissingen in Flammen. Fünf Menschen wurden durch das Gebell eines Hundes gerettet. Der Feuerwehr gelang es, die Bewohner des Hauses mittels einer Drehleiter zu retten.

b) **Kätzchen auf der Platane**
Ein Kätzchen hatte sich in der Krone einer mächtigen Platane verirrt. Aufmerksame Passanten hatten die Feuerwehr alarmiert, die das Kätzchen retten konnte.

c) **Der Kaufhausdetektiv**
Einem Kaufhausdetektiv fiel ein elfjähriger Junge auf, der sich in der Fachabteilung für elektronische Kleingeräte herumtrieb. So wurde eine Bande von Jugendlichen ertappt, die versucht hatte, mit einigen Kleingeräten die Abteilung zu verlassen.

Aufgabe 7:
a) **Hund rettet fünf Menschenleben**
<u>Alter Text</u>: Im Mittelpunkt steht der Hund, der durch sein Gebell fünf Menschenleben rettet.
<u>Neuer Text</u>: Ein Hausbrand gefährdet fünf Menschenleben. Alle können durch den Einsatz der Feuerwehr gerettet werden.

b) **Kätzchen gerettet**
<u>Alter Text</u>: Ein Kätzchen, das in der obersten Krone einer mächtigen Platane sitzt und durch die Feuerwehr gerettet wird.
<u>Neuer Text</u>: Aufmerksame Passanten alarmieren die Feuerwehr. Dadurch wird das Kätzchen aus der obersten Krone der mächtigen Platane gerettet.

# 13 Die Lösungen

c) **Bande ertappt**
Alter Text: Eine Bande jugendlicher Kaufhausdiebe wurde in einem Kaufhaus festgenommen. Einem Kaufhausdetektiv war ein elfjähriger Junge aufgefallen, der sich in der Fachabteilung für elektronische Kleingeräte herumtrieb.
Neuer Text: Ein Kaufhausdetektiv ertappte eine Bande jugendlicher Kaufhausdiebe beim Diebstahl von Kleingeräten.

## 3

**Aufgabe 2:**
a) Ein unaufmerksamer Radfahrer fuhr bei Rot über eine Ampel und brachte einen auf dem Zebrastreifen gehenden 54-jährigen Fußgänger zu Fall.
b) Zu blutigen Krawallen kam es zwischen den beiden Fangruppen von FC Niedernhausen und Concordia Oberhausen beim Fußball-Lokalspiel nach der Niederlage des Gastgebers, sodass von der Polizei geschlichtet werden musste.

**Aufgabe 3:**
a) Am Morgen des 14. Januar verließ Rense, ein 12-jähriger Junge, das elterliche Haus. Er hörte Hilferufe und eilte zum Ufer des Ijsselmeeres, um nachzusehen, was da los war. Auf einer Eisscholle sah er mehrere Menschen, die um Hilfe riefen. Rense eilte ins Haus zurück, um sein Paddelboot zu holen, mit dem er zehn Kinder von der treibenden Eisscholle rettete.
b) Rense wohnte unmittelbar am Ijsselmeer. Als er sich morgens auf den Schulweg machte, hörte er Hilferufe und eilte zum Ufer. Als er auf einer im eisigen Wasser des Binnensees treibenden Eisscholle mehrere Menschen sah, die wild gestikulierten und um Hilfe riefen, holte er sein knapp zwei Meter langes Plastikpaddelboot und rettete 10 Kinder. Inzwischen hatten auch Erwachsene bemerkt, dass Menschen in Not geraten waren. Mit einem Ruderboot konnten noch weitere 4 Kinder und 1 Erwachsener gerettet weden.

**Aufgabe 4:**
a) Durch sein entschlossenes Handeln rettete ein 12-jähriger Junge 10 Kinder von einer im eisigen Ijsselmeer treibenden Eisscholle.
b) 10 Kinder, die auf einer Eisscholle im eisigen Ijsselmeer trieben, wurden von einem 12-jährigen Jungen gerettet.
Ein 12-jähriger Junge rettete 10 auf einer Eisscholle im eisigen Ijsselmeer treibende Kinder.

**Aufgabe 5:** **12-Jähriger rettet 10 Kinder**
Der 12-jährige Reuse hörte Hilferufe und eilte zum nahen Ufer des Ijsselmeeres. Als er sah, dass um Hilfe schreiende Menschen auf einer Eisscholle im eisigen Wasser trieben, eilte er nach Hause, holte sein Paddelboot und rettete 10 Kinder.

**Aufgabe 6:** Individuelle Lösungen.

**Aufgabe 7:** **Der „Rasende Lokalreporter" unterwegs - Der Einbruch**
Am 28. Mai wurde in der Gaststätte „Sportlerheim" am Sportplatz bei Cuxheim eingebrochen. Das Haus ist nachts unbewohnt, sodass es ein Leichtes war, in die Gaststätte einzubrechen. Die Eindringlinge drückten ein Fenster ein, zerstörten ein Türschloss und schlugen eine Tür ein. Da der Wirt jeden Abend die Kasse mit nach Hause nimmt und der Zigarettenautomat ebenfalls regelmäßig geleert wird, konnten die Einbrecher keine Beute machen. Sie zerstörten den Spielautomaten und erbeuteten lediglich etwa 10 Euro. Nach Polizeischätzung entstand ein Sachschaden von etwa 1000 Euro.

## 4

**Aufgabe 1:**
a) Rot: Gestern war Herr Pfadt von der Verkehrswacht Eppesbach Gast in der fünften Klasse der Kästner-Schule. Nachdem man sich im Klassenzimmer mit der Theorie und den Regeln beschäftigt hatte, ging es auf den Schulhof. Jeder durfte zunächst sein Fahrrad vorführen und musste erläutern, was an dem Gefährt für Sicherheit im Verkehr wichtig ist. Dann wurde ein Wettbewerb durchgeführt: Wer konnte einen abgesteckten Parcours fehlerfrei durchfahren? Zum Abschluss gab es für jeden Schüler ein Buch, durch das eine Figur namens „Hugo Ampel" führte.
Blau: Herr Pfadt hatte mehrere Spiele mitgebracht, in denen es um richtiges Verhalten im Straßenverkehr ging. An einzelnen Rädern hatte Herr Pfad dann etwas auszusetzen. Da war die Handbremse nicht in Ordnung oder das Rücklicht funktionierte nicht. Da musste die Richtung angezeigt, auf die grüne Ampel gewartet oder dem von rechts Kommenden die Vorfahrt eingeräumt werden.

b) **Was geschah?** Herr Pfadt von der Verkehrswacht Eppesbach war gestern in der fünften Klasse der Kästner-Schule.
**Wer war beteiligt?** Herr Pfadt und die fünfte Klasse der Kästner-Schule waren beteiligt.
**Wie geschah es?** Herr Pfadt unterrichtete die Schüler in Theorie und Praxis über richtiges Verhalten im Straßenverkehr.
**Wann geschah es?** Gestern.
**Wo geschah es?** Im Klassenzimmer und auf dem Schulhof.

c) **Richtiges Verhalten im Straßenverkehr**
Um dieses wichtige Thema ging es gestern bei einem Besuch von Herrn Pfadt in der fünften Klasse der Kästner-Schule. Zuerst wurde sich im Klassenzimmer mit der Theorie und den Regeln beschäftigt, dann ging es auf den Schulhof. Jeder Schüler durfte zunächst sein Fahrrad vorführen. An einzelnen Rädern hatte Herr Pfadt dann auch etwas auszusetzen. Bei einem fehlten die Rückstrahler in den Speichen. Bei einem Wettbewerb „Wer kann einen Parcours fehlerfrei durchfahren?" mussten einige Verkehrsregeln beachtet werden. Zum Abschluss gab es für jeden Schüler ein Buch. Anhand von Spielen, Rätseln und Sachaufgaben erfahren die Schüler in diesem Lehrband vieles über die Regeln und Gefahren im Straßenverkehr.

# 13 Die Lösungen

**Aufgabe 2:**

a) Die Spaziergänger im Wald von Dudenhofen sollten sich in den nächsten Tagen in Acht nehmen – oder noch besser – auf einen Spaziergang verzichten. Auf einer Fläche von 250 Hektar wird vom Hubschrauber aus der Waldboden gekalkt. Dabei geht es darum, den sauer gewordenen Boden wieder für die Bäume erträglich zu machen. Der Kalk muss vom Hubschrauber aus gestreut werden, da Bodenarbeit angesichts der großen Fläche und der fehlenden Zugangsmöglichkeiten nicht zu bewerkstelligen ist. Gesperrt wird der Wald allerdings nicht, da die Kalkung ungefährlich ist und höchstens zur Verschmutzung der Kleidung führen kann.

**Was geschieht?** Auf einer Fläche von 250 Hektar wird ab übermorgen vom Hubschrauber aus der Waldboden gekalkt.
**Wer ist beteiligt?** Ein Hubschrauber und Waldarbeiter sind beteiligt.
**Wie geschieht es?** Vom Hubschrauber aus wird der Waldboden gekalkt.
**Wann geschieht es?** Ab übermorgen.
**Wo geschieht es?** Im Wald von Dudenhofen.

b) **Hubschrauber im Einsatz**
In den nächsten Tagen wird eine Fläche von 250 Hektar im Dudenhofener Wald mithilfe eines Hubschraubers gekalkt. Eine Bodenarbeit durch Waldarbeiter ist nicht möglich, da die Fläche zu groß ist und Zugangsmöglichkeiten fehlen. Gesperrt wird der Wald nicht, da die Kalkung ungefährlich ist. Aber Vorsicht! Verschmutzung der Kleidung ist möglich.

**Aufgabe 3:**

b) **Was geschah?** Herr Werhahn griff sich am Sportplatz einfach ein Mofa, knackte mit einem Bolzenschneider das Schloss und fuhr los, obwohl er keinen Führerschein besaß.
**Wer war beteiligt?** Herr Werhahn und die Polizei.
**Wie geschah es?** Herr Werhahn fuhr auf der Kreisstraße 31 zu schnell und wurde von der Polizei festgenommen.
**Wann geschah es?** Gestern Abend.
**Wo geschah es?** Am Sportplatz, auf der Kreisstraße 31 und in einem Wingert.

c) **Dieb auf manipuliertem Mofa**
Doppeltes Pech hatte ein Dieb, der gestern am Sportplatz ein Mofa gewaltsam entwendete und dann mit überhöhter Geschwindigkeit die Kreisstraße 31 zwischen Lingenfeld und Schwegenheim befuhr. Heinz W. fiel einer Polizeistreife auf, die ihn kontrollieren wollte. Der Dieb aber flüchtete zunächst in einen Feldweg und löschte das Licht. Dann bog er in einen Wingert ein. Aber am Ende des Weingartens erwartete ihn schon die Polizei, die ihn dann festnehmen konnte. Da das Mofa unzulässig manipuliert war, ermittelt die Polizei jetzt nicht nur gegen den Dieb, sondern auch gegen den Besitzer des Mofas.

**Aufgabe 4:**

b) Als Herr Prings am späten Nachmittag nach Hause kam, stand die Terrassentür seines Hauses sperrangelweit offen. Herr Prings wusste aber genau, dass er sie vor dem Weggehen geschlossen hatte. Jetzt war sie von innen geöffnet worden. Als er sein Haus betrat, sah er im Wohnzimmer, dass alle Schubladen aus den Schränken gerissen waren und dass im Schlafzimmer aus einem Kästchen, welches im Wäscheschrank versteckt war, der Schmuck seiner Frau gestohlen worden war. Es handelte sich um 2 Ringe, 2 Armbänder und eine Gold- und Perlenkette im Wert von 5000 Euro. Die Polizei stellte fest, dass das Badezimmerfenster aufgehebelt worden war. Im ganzen Haus fanden sich Spuren der Verwüstung.

c) **Vandalen verwüsten Wohnhaus**
Der Bewohner eines Hauses in der Kastanienstraße erschrak gestern am späten Nachmittag, als er nach Hause kam und die Terrassentür sperrangelweit geöffnet vorfand. Diebe hatten ein Badezimmerfenster aufgehebelt und waren so in das Haus eingedrungen. Sie verwüsteten große Teile des Hauses und stahlen ein Schmuckkästchen mit Ringen und Armbändern im Wert von 5000 Euro. Die Polizei tappt noch im Dunkeln, Zeugen des Geschehens gibt es bisher nicht.

**Aufgabe 5:**

b) **Was geschah?** Herr Ötzkün ging mit seinem kleinen Sohn Mehmet zur Bank. Dort ließ er von der Kassiererin den Inhalt von Mehmets Sparbüchse ins Sparbuch eintragen. Er stellte dann fest, dass der eingetragene Betrag höher hätte sein müssen.
**Wer war beteiligt?** Herr Ötzkün, Mehmet und die Kassiererin.
**Wie geschah es?** Die unehrliche Kassiererin trug nicht den tatsächlichen Betrag in das Sparbuch ein, sondern hatte einen Teil des Geldes in ihre eigene Tasche gesteckt.
**Wann geschah es?** Als Herr Ötzkün und Mehmet die Sparbüchse zur Bank brachten.
**Wo geschah es?** In der Bank.

c) **Betrügerische Kassiererin verurteilt**
Als der türkische Familienvater Ötzkün mit seinem kleinen Sohn Mehmet in der Bank von der Kassiererin den Inhalt von Mehmets Sparbüchse ins Sparbuch eintragen ließ, kamen ihm Zweifel an der Aufrichtigkeit der Kassiererin. Der eingetragene Betrag von 22,34 Euro kam ihm zu niedrig vor. Es hätte mehr sein müssen. Das wollte er überprüfen. Herr Ötzkün öffnete jetzt die Sparbüchse seiner fünfjährigen Tochter Aylin und ließ sich den Inhalt von 58,55 Euro durch seinen Nachbarn bestätigen. Diesmal trug die Kassiererin nur 38,55 Euro ins Sparbuch ein. Jetzt war sie überführt. Bei der Vernehmung durch die Polizei gab sie zu, hin und wieder einen Teil des von Kindern angesparten Kleingeldes in die eigene Tasche gesteckt zu haben. Das Amtsgericht Augsburg sprach eine sechsmonatige Strafe auf Bewährung aus. Außerdem muss sie 1800 Euro an eine gemeinnützige Organisation bezahlen. Ihren Arbeitsplatz hat sie natürlich auch verloren.

# 13 Die Lösungen

**5** **Aufgabe 1:** b) <u>Rot = Stellen, an denen bewertet oder beurteilt wird.</u>
*klapprig, heruntergerast, ziemlich wild, ausgelassen, das wildeste, freche, feige, verdrücken, blindlings, zu schnell, schusselig, ziemlich hässlich*

<u>Grün = Stellen, an denen genauer beschrieben wird.</u>
*Ecke Domplatz-Hauptstraße; himmelblauer VW-Käfer - Hauptstraße; tobten ein paar Kinder; ihre Mütter unterhielten sich; Kinder achteten nicht auf die Straße; keine Rücksicht auf andere Passanten; ältere Frau angerempelt; diese stolperte; fast hingefallen; kleiner Junge rannte auf die Straße; dem VW geradewegs vor die Stoßstange; kam nicht unter die Räder; flog auf die vordere Haube; von da wieder auf die Straße; Fahrer bremste*

c) <u>Im Zeugenbericht dürfen nicht vorkommen (und müssen ersetzt werden):</u>

| | |
|---|---|
| *klapprig* → | *älteres Baujahr* |
| *heruntergerast* → | *näherte sich ziemlich schnell, das heißt, er fuhr schneller, als man normalerweise mit dem Fahrrad fährt* |
| *ziemlich wild* → | *in heftiger Bewegung* |
| *ausgelassen* → | *sollte ganz gestrichen werden* |
| *das wildeste* → | *das Kind, das die meisten Aktivitäten entfaltete* |
| *freche* → | *sollte ganz gestrichen werden* |
| *wollte sich feige verdrücken* → | *wollte sich entfernen* |
| *blindlings* → | *ohne nach rechts und links zu schauen* |
| *zu schnell* → | *sich nähernd* |
| *schusselig* → | *sollte ganz gestrichen werden* |
| *ziemlich hässlich* → | *deutlich hörbar* |

**Aufgabe 2:** a) <u>An diesen Stellen könnte der Richter nachfragen:</u>
- Um wie viel Uhr warst du an der Ecke Domplatz-Hauptstraße?
- Wieso hast du den VW-Käfer bemerkt?
- Wie verhielten sich die Kinder und wodurch wurdest du auf sie aufmerksam?
- Wie reagierte die ältere Frau, die angerempelt wurde?
- Wie verhielt sich der Junge, nachdem er die Frau angerempelt hatte?
- Wieso erschraken einige Passanten?

<u>An diesen Stellen könnte der Verteidiger des VW-Fahrers eingreifen:</u>
- Wie konntest du überhaupt etwas sehen, obwohl du dich mit deiner Freundin unterhieltest?
- Was taten die Mütter, während ihre Kinder spielten?
- Hätten die Mütter besser auf ihre Kinder aufpassen müssen?
- Achteten die Kinder auf den Verkehr?
- Schimpfte die ältere Frau mit dem Jungen und rannte er deshalb davon?
- Wieso willst du beurteilen können, ob das Auto zu schnell fuhr?
- Quietschten die Räder des Autos beim Bremsen nicht schon, bevor der Junge erfasst wurde?

**Aufgabe 3:** Ich ging am Freitag, dem 7. August 2009 von der Schule zur Bushaltestelle in der Hauptstraße, als ich an der Ecke Domplatz-Hauptstraße meine Freundin Anette traf. Während wir uns gerade unterhielten, kam ein himmelblauer VW-Käfer älteren Baujahres die Hauptstraße schneller heruntergefahren, als man normalerweise mit dem Fahrrad fährt. Neben uns tobten ein paar Kinder. Sie bewegten sich heftig, während ihre Mütter sich unterhielten. Die Kinder achteten bei ihrem Herumtoben nicht auf die Straße und nahmen auch keine Rücksicht auf andere Passanten. So geschah es, dass das Kind, das die meisten Aktivitäten entfaltete, eine etwas ältere Frau anrempelte, sodass diese stolperte und fast hinfiel. Der kleine, freche Junge bekam wohl Angst und wollte sich entfernen. Dabei rannte er, ohne nach links oder rechts zu blicken, auf die Straße und dem sich nähernden VW geradewegs vor die Stoßstange. Das Kind hatte noch Glück, denn es kam nicht unter die Räder, sondern flog auf die vordere Haube und von da wieder auf die Straße. Da bremste endlich der Fahrer, sodass einige Passanten erschraken, da die Reifen deutlich hörbar quietschten.

**Aufgabe 4:** a) <u>Angaben zur Zeit:</u> 10 Uhr am Vormittag
<u>Angaben zum Ort:</u> Hof der Goethe-Schule
<u>Angaben zu den beteiligten Personen:</u> zwei „raufende" Jungs; ein Unbeteiligter auf der Bank; ein Kind beobachtet ans Fenster; 5 zuschauende Kinder in der Türe
<u>Angaben zum Ablauf:</u> Junge liegt am Boden, anderer Junge tritt ihn

b) Individuelle Lösungen.

**Aufgabe 5:** In der großen Pause hatte ich heute keine Lust, mit den anderen herumzutollen. Ich setzte mich auf eine Bank in der Sitzgruppe direkt gegenüber dem Eingang zum Schulgebäude. So wurde ich Augenzeuge des Vorfalls, den ich hier beschreiben möchte:
Es war am Ende der großen Pause, unmittelbar nach dem Klingeln. Etwa zwei Meter von der rechten Eingangstür entfernt drängten viele Schüler zur Tür. Ein Junge geriet zwischen andere Schüler, wurde geschubst, kam ins Strauchein, fiel hin und verlor dabei seine Brille. Die Größeren stiegen über ihn und traten auf ihn. Dabei wurde auch seine Brille zertreten.

# 13 Die Lösungen

**6** Aufgabe 1: b) Basketball ist zwar ein „körperloses" Spiel, doch lassen sich kleine Rempeleien nicht immer vermeiden. Michaela hatte bei einer solchen Gelegenheit Pech. Sie kam zu Fall und brach sich dabei einen Finger. Natürlich musste sie zum Arzt und bald darauf kam von ihrer Krankenversicherung ein Fragebogen, auf dem auch eine genaue Darstellung des Vorganges verlangt wurde. Nach dem nächsten Training besprachen sich die Kinder. Es war wirklich nicht genau auszumachen, wer wen gerempelt oder gestoßen hatte, was Absicht war und was im Eifer des Spiels nicht zu vermeiden gewesen war. Man rekonstruierte.
- Michaela führte den Ball, passte und lief unter den Korb.
- Karin, Elke und Manuela wollten decken bzw. verteidigen.
- Michaela bekam den Ball zugespielt, da ...
- „Ich wurde gerempelt, mehr weiß ich nicht", sagt sie.

c) Michaela konnte sich nicht erinnern, wie es zu dem Unfall gekommen war.

Aufgabe 2: a) Individuelle Lösungen.
b) Individuelle Lösungen.

Aufgabe 3: werden-Passiv = 1, 2, 4, 5, 7, 9, 10        sein-Passiv = 3, 6, 8

**7** Aufgabe 1: a) Die Mutter wollte wissen, wie es ihrem Sohn heute in der Schule gefallen hat, was es im Fach Deutsch gab, ob er alles verstanden hat und welche genauen Inhalte er gelernt hat.
b) <u>Informationen</u>: Es ging so einigermaßen in der Schule, es wurde das Thema Rechtschreibung behandelt und er lernte, dass man immer richtig schreiben soll.
<u>Das fehlt</u>: Er sagt nichts über die genaue Situation in der Schule, welche Höhepunkte oder Besonderheiten es im Unterricht gab. Er nennt nicht genau, was der Inhalt der Stunde war, er nennt nur das Oberthema. Er begründet nicht, warum man immer richtig schreiben soll und ob dies auch seiner Vorstellung entspricht.
c) Welches Rechtschreibproblem habt ihr besprochen? Welche Beispiele habt ihr behandelt? Welche Regeln waren dran? Welche Übungen habt ihr zu den Regeln gemacht? Hast du alles verstanden, was hast du nicht begriffen?

Aufgabe 2: Individuelle Lösungen.

Aufgabe 3: b) Wie war der Gegner? Wie war die eigene Mannschaft? Wer hat gut gespielt, wer schlecht? Wer hat die Körbe geworfen? Wie war der Spielverlauf? Welche Ursachen vermutest du für die Niederlage? Wie hast du selbst gespielt? Was meinte euer Betreuer?
c) Individuelle Lösungen.

Aufgabe 4: b) Individuelle Lösungen.

Aufgabe 5: Individuelle Lösungen.

Aufgabe 6: Individuelle Lösungen.

**8** Aufgabe 2: keine Spannung, keine Bewertung, kein Urteil, keine Vermutung, keine Stellungnahme, keine eigene Meinung

Aufgabe 3: Ein Bericht soll nicht <u>unterhalten</u>, sondern <u>sachlich informieren</u>.

Aufgabe 4: b) 6a nicht zu schlagen

Das war eine **ganz erbärmliche Holzerei**, was die Mannschaft der 7b da **anzettelte**. Dabei begann das Klassenspiel 7b – 6a noch recht **friedlich**. Bei strahlendem Sonnenschein hatte die 6a Anstoß und war **schnell und geschickt** in den gegnerischen Strafraum vorgedrungen. **Der plumpe Verteidiger** der 7b aber **knöpfte sich gleich unseren Stürmer vor und rempelte ihn unfair**. Das hat dann **die Pfeife von Schiedsrichter glatt übersehen**. So kam die 7b **unverdient** in Ballbesitz und erzielte prompt ihren ersten Treffer, als ihre Sturmspitze **mehr zufällig über den Ball stolperte** und dabei unseren Torwart, der **ohnehin nicht seinen besten Tag hatte**, so irritierte, dass er **verblüfft daneben griff** und nur noch **dumm dreinschauen** konnte. Nach dem erneuten Anstoß ergab sich dasselbe Bild: Unsere Sturmspitzen drangen gekonnt in den gegnerischen Strafraum vor, **wurden übel gefoult**, der **Schiedsrichter spielte „Blinde Kuh"** und pfiff den **todsicheren Elfmeter** nicht, die **hinterlistigen Verteidiger** droschen den Ball nach vorn, **unsere Flasche im Tor** griff daneben und schon stand es 2:0 für den Gegner. So ging es dann auch in die Pause. In der zweiten Halbzeit wurde unser Torwart ausgetauscht, und auch der **halbblinde Schiedsrichter** wurde ersetzt. So fiel dann schon bald der **hoch verdiente** Anschlusstreffer und trotz heftiger Gegenwehr auch der Ausgleich. Als dann Paul, unser bester Mann, nach einem sehenswerten Dribbling über den halben Platz sieben Gegner **elegant umkurvte** und mit einem beherzten Schuss aus 16 Metern Entfernung das Führungstor erzielte, war die Welt wieder in Ordnung. Die Stürmer der 7b waren **völlig entnervt** und kamen nicht mehr richtig zum Zug. Da auch die Abwehr außer **einigen groben Fouls** nichts mehr zu bieten hatte, kamen wir noch zu zwei weiteren Toren. Die Sieg war uns nicht mehr zu nehmen.

# Die Lösungen

**Aufgabe 4:** c) 6a nicht zu schlagen

Das Klassenspiel zwischen der 7b und der 6a begann noch recht zurückhaltend. Bei Sonnenschein hatte die 6a Anstoß und konnte sofort in den gegnerischen Strafraum vordringen. Aber der Verteidiger der 7b konnte den gegnerischen Stürmer durch seinen Einsatz vom Ball trennen. Hier hätte der Schiedsrichter pfeifen können. So kam die 7b in Ballbesitz und erzielte dank ihrer Sturmspitze das 1:0. Nach dem erneuten Anstoß passierte dasselbe. Die Stürmer der 6a kamen gekonnt in den gegnerischen Strafraum, wurden aber von der Abwehr der 7b immer wieder am Torschuss gehindert. Ein weiter Abschlag eines Verteidigers führte zum 2:0. Das war der Pausenstand. Die 6a wechselte in der 2. Halbzeit ihren Torhüter aus. Schon bald fiel das erste Tor für die 6a, der Anschlusstreffer war ein Signal und so fiel schnell der Ausgleich zum 2:2. Paul, der beste Spieler der 6a, umspielte immer wieder die gegnerische Abwehr, der Gegner musste noch drei weitere Tore hinnehmen. Das Endergebnis lautete 2:5.

**Aufgabe 5:** Individuelle Lösungen.

## 9

**Aufgabe 1:**
b) vergangenen Mittwochabend, ungewöhnliche Zeit, Abendstunden kurz nach 23:00 Uhr, anschließend, erst durch, aufmerksam machen, befreite sie schließlich

c) & d) 
1 = Organistin mochte in der Kirche üben (Eine junge Organistin wollte in der Kirche üben.)
2 = Schlüsselübergabe (Der Pfarrer übergab ihr den Schlüssel der Kirchentür.)
3 = Pfarrer schloss Kirche ab und ging weg (Der Pfarrer schloss die Kirche ab und ging weg.)
4 = junge Organistin probte bis kurz nach 23 Uhr in der Kirche (Die junge Organistin probte bis nach 23 Uhr in der Kirche.)
5 = Organistin wollte die Kirche verlassen (Die junge Organistin wollte die Kirche verlassen.)
6 = alle Türen verschlossen (Alle Türen waren verschlossen.)
7 = Schlüssel passte nirgendwo (Der Schlüssel passte auf kein einziges Schloss.)
8 = Kirchenglocken läuteten (Die Organistin läutete die Kirchenglocken.)
9 = Pfarrer befreite die Musikerin (Der Pfarrer ging zur Kirche und befreite die Musikerin.)

e) Eine junge Organistin wollte abends in der Kirche üben. Zu diesem Zweck übergab ihr der Pfarrer den Schlüssel für die Kirchentür. Er schloss die Organistin in der Kirche ein und ging weg. Die Musikerin probte bis kurz nach 23 Uhr. Dann wollte sie die Kirche verlassen. Alle Türen waren verschlossen und der Schlüssel passte nirgendwo. Die Organistin leutete die Kirchenglocken, um auf sich aufmerksam zu machen. Daraufhin kam der Pfarer zur Kirche und befreite die junge Frau.

**Aufgabe 2:** Ein Mann saß in seinem Ohrensessel und schlief. Um ihn herum summte eine Fliege und setzte sich schließlich auf seinen Kopf. Dadurch erwachte der Mann. Er wollte die Fliege töten und schlug nach ihr. Aber er traf sie nicht – stattdessen schlug er eine Kaffeetasse vom Tisch. Die Fliege saß nun auf der Fensterscheibe. Der Mann holte aus und wollte die Fliege dort endlich treffen. Dabei zerbrach die Fensterscheibe, die Fliege war jedoch rechtzeitig davongeflogen.

**Aufgabe 3:** Ein Mann saß in seinem Ohrensessel und schlief. Eine Fliege flog um ihn herum, dann setzte sie sich auf seinen Kopf. Dadurch wurde der Mann wach. Er wollte die Fliege, die auf dem Tisch saß, totschlagen. Doch er erwischte sie nicht, sondern schlug die Kaffeetasse kaputt. Zuvor flog die Fliege ans Fenster. Dort wollte der Mann sie treffen. Er schlug zu und zertrümmerte dabei die Fensterscheibe. Davor jedoch war die Fliege schon davongeflogen.

**Aufgabe 4:** Beteiligt an dem Glasschaden waren eine Fliege und ich. Ich saß in meinem Ohrensessel und schlief. Plötzlich wurde ich durch ein Krabbeln auf meinem Kopf geweckt. Eine Fliege flog davon und setzte sich auf den Tisch. Ich schlug nach ihr, dabei fiel eine gefüllte Kaffeetasse vom Tisch. Nun saß die Fliege auf der Fensterscheibe. Wieder schlug ich zu. Dabei ging die Scheibe zu Bruch und die Fliege flog davon.

## 10

**Aufgabe 1:**
b) Bruno behauptet, dass Justin ihn mit Absicht geschubst habe, damit er hinfällt.
c) Justin hat mich geschubst. Ich bin hingefallen.

**Aufgabe 2:**
a) Karen schob ihr Blatt in die Mitte und Susi schrieb ab.
b) Mehmet ging immer langsamer und der Abstand zu den übrigen vergrößerte sich.
c) Carolin schob ihr Buch ganz an den Rand und es fiel bei der nächsten Berührung zu Boden.

**Aufgabe 3:** Individuelle Lösungen.

**Aufgabe 4:**
b) A Weil der Fahrer zu schnell fuhr, wurde Eric angefahren.
B Weil Hannah schusselig ist, hatte sie ihre Hausaufgaben nicht dabei.
C Weil der Bruder den Ast auf den Weg legte, stolperte Vanessa. Der Bruder machte das mit Absicht.
D Eric hatte die Schachte Nägel fallenlassen, damit Manuel einen platten Reifen an seinem Fahrrad bekam.

c) Da solche Behauptungen immer/meist auf persönlichen Einschätzungen beruhen und nicht auf „Geständnissen" oder „Absichtserklärungen" von den Betroffenen.

# 13 Die Lösungen

## 11

**Aufgabe 2:** Individuelle Lösungen.

**Aufgabe 3:**
Tom fragte, ob er mich verprügeln solle.
Ich sagte, dass ich das doch erst einmal sehen wolle.
Tom meinte, das könne ich gleich sehen.
Ich antwortete, dass er das gar nicht könne.
Tom sagte, dass er es klar könne.
Ich sagte nur Puh.
Tom wiederholte, dass er es klar könne.
Ich rief, er sei ein Aufschneider.

**Aufgabe 4:** Individuelle Lösungen.

**Aufgabe 5:**
a) „Natürlich bist du feige!"
   „Scher dich fort!"
   „Komm herüber und ich hau dich zusammen!"
   „Verdammt, für zwei Pennies würde ich's tun!"
b) Tom sagte, er wäre natürlich feige.
   Tom sagte ihm, er solle sich fortscheren.
   Tom meinte, er solle herüberkommen und er würde ihn zusammenhauen.
   Tom rief, dass er es für zwei Pennies tun würde.

**Aufgabe 6:** Individuelle Lösungen.

## 12

**Aufgabe 1:**
a) **Was geschah?** Junger Mann greift Gorillaweibchen Betsy im Zoo an.
   **Wer war beteiligt?** Der junge Mann, das Gorillaweibchen Betsy, der Zoowärter, das Gorillababy
   **Wo geschah es?** Im Gorilla-Gehege des Zoos in Melbourne.
   **Wann geschah es?** Keine Angaben.
   **Wie geschah es?** Der junge Mann drang in das Gehege ein, um den Gorilla fertigzumachen.
   Er trat und schlug auf Betsy ein, nahm ihrem Baby ein Spielzeug weg und prügelte sich mit Betsy.
   Der Wächter trennte beide, schloss den jungen Mann in einem Käfig ein und alarmierte die Polizei,
   die den offensichtlich geistig Gestörten in die Klinik zur psychiatrischen Behandlung brachte.
b) <u>Mögliche Lösung:</u>
   Ich war gerade mit der Wegereinigung beschäftigt, da hörte ich aus der Richtung der Affenkäfige einen Mann laut schreien. Ich verstand also viel, dass er den Affen fertig machen wolle. Kurz darauf hörte ich, dass die Affen einen Riesenlärm machten. Ich eilte schnell zum Käfig und sah, dass ein Fremder in das Gehege eingedrungen war und auf das Gorillaweibchen Betsy einschlug und sie mit Füßen trat. Er nahm, während ich mich näherte, das Spielzeug von Betsys Baby an sich. Nun setzte sich auch Betsy zur Wehr. Die übrigen Affen schrieen immer noch vor Furcht. Ich griff mir den Eindringling und sperrte ihn in einen Käfig. Auch Betsy musste ich in einen eigenen Käfig sperren, bis sie sich wieder beruhigt hatte. Anschließend alarmierte ich die Polizei und verständigte die Zooleitung.

**Aufgabe 2:** Individuelle Lösungen.

**Aufgabe 3:** 1. Einladung am PC; 2. Zur Post bringen; 3. Alles die letzten 100 m zur Waldhütte geschleppt; 4. sitzen und warten; 5. Einladung lesen; 6. falsches Datum

<u>Der Bericht könnte so aussehen:</u>
Die beiden Freundinnen Nina und Anna, beide am 25. August geboren, wollten zu ihrem 18. Geburtstag eine große Fete starten. Sie erstellten am PC eine superpoppige Einladungskarte, schickten sie an alle 54 Freunde und freuten sich, dass fast alle zusagten. Sie mieteten beim Forstamt eine Waldhütte und als der große Tag gekommen war, mussten sie fünfmal hin und herfahren, um alle Getränke, Speisen, Grillgeräte, Bestecke und Lampen zur Hütte zu bringen. Die letzten 100 Meter mussten sie immer zu Fuß zur Hütte gehen – Fahrverbot. Alle sollten um 19 Uhr da sein. Um Viertel vor sieben waren sie fertig und gönnten sich schon ein Schlückchen Sekt. Es wurde sieben, halb acht, acht ... keiner kam. Die beiden Mädchen wurden immer zappeliger – was konnte nur passiert sein? Gedankenverloren kramte Nina noch einmal die Einladungskarte hervor. Ein Aufschrei – der Ohnmacht nahe konnte sie nur noch stammeln: „Wir haben uns vertan – wir Schussel haben für den 24. eingeladen!"

**Aufgabe 4:**
a) keine Spannung erzeugen, keine Bewertung abgeben, kein Urteil fällen, keine Vermutungen äußern, keine Stellungnahme beziehen, keine eigene Meinung verkünden
b) In einen Zeugenbericht gehören nur Tatsachen und keine wertenden Äußerungen oder selbsthergestellten Zusammenhänge, sofern diese nicht durch eindeutige Äußerungen belegbar sind.

**Aufgabe 5:** Ich fragte meine Bruder, was er in meinem Zimmer zu suchen habe und er antwortete, was ich denn wolle und warum ich schon wieder zicken würde. Daraufhin habe ich ihn gefragt, was es heißen solle, dass ich herumzicken würde, wo doch meine Zimmertür offen stünde. Er meinte nur „Na und" und meinte, ich wolle ja nur nicht, dass jemand wisse, dass ich im Wohnzimmer die Lampe zerbrochen hätte. Daraufhin warf ich ihm an den Kopf, dass er ein Schuft sei, weil er meine Tagebücher gelesen hätte. Ich sagte ihm, dass ich dir das erzählen würde.

**Klasse**

| Klasse |
|---|
| 5 |
| 6 |
| 7 |
| 8 |
| 9 |
| 10 |
| 11-13 |

## Deutsch

*Waldemar Mandzel & Autorenteam Kohl-Verlag*

### Bildanlässe zum Schreiben

Der Band enthält 11 Bilder, in denen eine Situation dargestellt ist, welche die Fantasie anregt. Manchmal wird gleich etwas Unangenehmes/Peinliches passieren, oder es ist gerade etwas Komisches passiert. Immer ist es aber so, dass der Zuschauer spontan auch lachen muss. Diese emotionale Auflockerung soll den Schülern „die Angst vor dem leeren Blatt" nehmen und so für Kreativität sorgen. Zu jedem Bild gibt es Aufgaben in 2-3 Niveaustufen, die zum kreativen und freien Erzählen/Schreiben anleiten. Die Kopiervorlagen sind optimales Freiarbeitsmaterial.

| 56 S. | 12 404 | ab 13,49 € |

 5/6

*Waldemar Mandzel & Autorenteam Kohl-Verlag*

### Bildergeschichten zur Aufsatzerziehung

**Kreatives Schreiben mit inspirierenden Bildern**

Die motivierenden Bildanlässe in diesem Heft regen zum Nachdenken auf und erleichtern so das Einsteigen zum Aufsatzschreiben. Zu jedem Bild gibt es eine zusammenhängende Bilderreihe, sowie einführende Übungen zu den wichtigsten Aspekten eines Aufsatzes wie drei Teile des Aufsatzes (Einleitung, Hauptteil, Schluss), indirekte/direkte Rede, verschiedenen Satzanfängen, Beschreibung von Gefühle- und Emotionenbeschreibung, Spannung.

| 72 S. | 12 654 | ab 15,99 € |

  5/6/7

*Hans-Peter Tiemann*

### e.o.plauen   Vater und Sohn

In diesem Band bieten Erich Ohsers Bildgeschichten Impulse zur analytischen Erarbeitung wie auch zum kreativen Schreiben. Auf zwei Niveaustufen werden Schüler angeregt, sich mit den Figuren und den Situationen auseinanderzusetzen. Schreib- und Gestaltungsaufträge und Dialogvorlagen für kleine szenische Inszenierungen regen dazu an, die schönsten Vater-Sohn-Geschichten „weiterzuspinnen" und so lebendig werden zu lassen.

| 48 S. | 12 306 | ab 13,49 € |

  5

*Angelika Hofmann, Janine Manns, Lynn-Sven Kohl & Ulrike Stolz*

### Bildergeschichten zum Schmunzeln

Jeder Band enthält **21 originelle Bildergeschichten** und speziell dazu erstellte **Anregungen zum Fabulieren und Erzählen**. Nebenbei werden soziale Denkanstöße mit Humor vermittelt. Die Bände sind **fächerübergreifend einsetzbar** in den Fachbereichen Deutsch, Ethik, Religion und Sachunterricht!

| Das Wettrennen | 10 682 | je 48 Seiten |
| Der Totalschaden | 11 484 | ab 13,49 € |

5/6/7/8

*Friedel Schardt, Jennifer Ferrein, Jana Blum, Ulrike Stolz & Tim Schrödel*

### Freies Schreiben

**Lerneinheiten mit fix & fertigen Stundenbildern**

Die beliebte Lernreihe „Freies Schreiben" unterstützt Sie mit Ihre*n Schüler*innen beim täglichen Aufsatzunterricht. Jedes der Themenhefte enthält **fertig ausgearbeitete** und **sofort einsetzbare Stundenbilder** sowie dazu passende Kopiervorlagen zum selbstständigen Arbeiten. **Klasse(n) Aufsatzstunden** für intensiven, kreativen und nachhaltigen Deutschunterricht!

*Horst Hartmann & Waldemar Mandzel*

### Bildergeschichten an Stationen

**Acht Bildergeschichten** werden in motivierenden Illustrationen dargestellt. Die Kinder bestimmen individuell ihr Lerntempo und suchen sich das in verschiedenen Schwierigkeitsstufen bereitgestellte Material für die Weiterarbeit aus. Jede Geschichte wird an mehreren Stationen erarbeitet und bietet abwechslungsreiche Übungen an, die Lernzuwachs und persönliche Erfolgserlebnisse garantieren.

| 72 Seiten | 11 762 | ab 15,99 € |

 5

*Hans-Peter Tiemann*

### Das Gedichte-Starterkit

Ein umfangreiches Material- und Methodenset zum Umgang mit Gedichten. Der Band enthält neben Aufgaben für „Lyrikeinsteiger" auch anspruchsvolles Material für „Lyrikexperten", ein Lyriklexikon für Kinder, einen Methodenpool, und zahlreiche Angebote zum themen- & leistungsdifferenzierten Unterricht.

| 56 Seiten | 11 180 | ab 13,49 € |

5/6

*Norbert van Tiggelen*

### Gedichte & Co   Moderne Gedichte interpretieren

Der Gedichtautor Norbert van Tiggelen stellt hier eine Auswahl seiner modernen, aber auch zeitgeistkritischen Gedichte vor, die mit Aufgaben versehen sind. Der Autor schöpft seine Ideen aus dem wahren Leben, scheut sich dabei aber auch nicht, Missstände anzusprechen. Modern, anspruchsvoll, schülerfreundlich.

| 64 Seiten | 11 999 | ab 14,99 € |

 5/6/7/8/9/10/11/12/13

*Hans-Peter Tiemann*

### Gedichte zum Staunen

Auf zwei Niveaustufen werden Gedichte erarbeitet, in denen die eigenen Lebensthemen auf liebevolle Weise angesprochen werden. Die Lyrikwerkstatt zeigt, wodurch Sprache zum Klingen gebracht wird. Schüler können im Lehrgang der Vers- und Reimschule poetische Grundfertigkeiten metrischer Gestaltung erwerben. Zahlreiche spielerische Übungen helfen dabei.

| 56 Seiten | 12 305 | ab 13,49 € |

5/6

*Stefanie Kraus*

### Reizwortgeschichten

Die Fähigkeiten zum freien Schreiben werden anhand von abwechslungsreichen Texten erweitert, trainiert und gefestigt. Dieses praktische Freiarbeitsmaterial ist bestens dazu geeignet, Ihre Schüler zur Kreativität anzustacheln! Wenige Schlüsselwörter reichen aus, um sie auf eine „kreative Reise" zu schicken. Denn daraus wird schnell eine eigene Geschichte ...

| 48 Seiten | 10 715 | ab 13,49 € |

 5/6

*Friedel Schardt*

### Aufsatzbeurteilung   Schnell, sicher & fair!

Ein hilfreicher Ratgeber bei der Bewertung von Klassenaufsätzen. Eine sinnvolle Ergänzung zur Aufsatzreihe „Freies Schreiben"!

**Schnell, einfach & transparent Aufsätze korrigieren!**

| 56 Seiten | 10 029 | ab 12,49 € |

  5/6/7/8/9/10

| 64 Seiten | Die Inhaltsangabe | 10 898 | ab 14,99 € |
| 72 Seiten | Der Bericht | 10 899 | ab 14,49 € |
| 56 Seiten | Die Beschreibung | 10 900 | ab 14,49 € |
| 48 Seiten | Die Nacherzählung | 10 901 | ab 11,99 € |
| 48 Seiten | Pro/Contra - Die Erörterung | 10 902 | ab 11,99 € |
| 48 Seiten | Das Protokoll | 10 903 | ab 11,99 € |
| 64 Seiten | Das Referat | 10 904 | ab 12,49 € |
| 48 Seiten | Die Funktionsbeschreibung | 11 001 | ab 10,99 € |
| 48 Seiten | Fabeln – deuten, verändern, erfinden | 11 217 | ab 13,49 € |
| 56 Seiten | Die Fantasie- & Erlebniserzählung | 11 279 | ab 12,49 € |
| 40 Seiten | Die Vorgangsbeschreibung | 12 656 | ab 12,49 € |

 5/6/7

www.kohlverlag.de    Bestell-Hotline: (0049) (0)2275 / 331610    •    Fax: (0049) (0)2275 / 331612    •    info@kohlverlag.de